intocadas
MINHA LUTA CONTRA A MUTILAÇÃO FEMININA

Nice Leng'ete
com
Elizabeth Butler-Witter

intocadas
MINHA LUTA CONTRA A MUTILAÇÃO FEMININA

Tradução
Rane Souza

1ª edição

Rio de Janeiro
2022

Copyright © 2021 by Nice Leng'ete

Todos os direitos reservados. É proibido reproduzir, armazenar ou transmitir partes deste livro, através de quaisquer meios, sem prévia autorização por escrito.

Projeto gráfico de capa: Juliana Misumi

CIP-BRASIL. CATALOGAÇÃO NA PUBLICAÇÃO
SINDICATO NACIONAL DOS EDITORES DE LIVROS, RJ

L584i   Leng'ete, Nice, 1991-
      Intocadas : minha luta contra a mutilação feminina / Nice Leng'ete, Elizabeth Butler-Witter; tradução Rane Souza – 1. ed. – Rio de Janeiro : Rosa dos Tempos, 2022.

      Tradução de: The girls in the wild fig tree : how i fought to save myself, my sister, and thousands of girls worldwide
      ISBN 978-65-8982-814-3

      1. Leng'ete, Nice, 1991-. 2. Massai (Povo africano) - Quênia - Usos e costumes. 3. Circuncisão feminina - Massai (Povo africano) - Quênia - Estudo de caso. 4. Circuncisão feminina - Prevenção. 5. Mulheres - Massai (Povo africano) - Quênia - Biografia. I. Butler-Witter, Elizabeth. II. Souza, Rane. III. Título.

22-78537
                CDD: 392.1096762092
                CDU: 929:392.16(676.2)

Meri Gleice Rodrigues de Souza – Bibliotecária – CRB-7/6439

Texto revisado segundo o novo Acordo Ortográfico da Língua Portuguesa.

Direitos desta edição adquiridos pela
EDITORA ROSA DOS TEMPOS
Um selo da EDITORA RECORD LTDA.
Rua Argentina, 171 – Rio de Janeiro, RJ – 20921-380
Tel.: (21) 2585-2000.

Seja um leitor preferencial Record.
Cadastre-se no site www.record.com.br
e receba informações sobre nossos lançamentos e
nossas promoções.

Atendimento e venda direta ao leitor:
sac@record.com.br

Impresso no Brasil
2022

Para meus pais: espero que estejam orgulhosos de mim. Também espero que eu tenha conseguido compartilhar com as outras pessoas a coragem e a força que vi em vocês, bem como a alegria, a compaixão e o compromisso que me ensinaram.

Para as meninas que foram maltratadas e esquecidas e que se atrevem a sonhar: espero que este livro sirva de inspiração para que seus sonhos e suas esperanças sejam sempre maiores do que suas realidades e que vocês possam realizar qualquer coisa que desejem.

À minha irmã, à minha amada família, aos amigos e a todos que trilharam essa jornada comigo: obrigada.

Para as meninas da fundação Nice Place: vocês são o futuro!

Nomes

Quando nasci, as pessoas diziam que eu tinha a pele lisa e os olhos brilhantes. Meus pais me deram um apelido: *karembo*, que significa bonita.

Ainda gosto de provocar minha irmã mais velha, Soila. Digo que, quando ela nasceu, ninguém a chamava de *karembo*. Minha mãe disse que quando ela saiu da barriga, a pele dela estava enrugada e a cabeça formava uma ponta afiada. Mesmo aqueles que a olhavam com os olhos mais amorosos precisaram admitir que a cabeça dela lembrava uma cabeça de cone.

Nossos pais nos amavam, com cabeça em formato de cone ou não. Para uma pessoa massai, nenhum homem é rico a não ser que tenha muito gado e muitos filhos. Assim que um bebê nasce, o pai organiza uma grande festa. Há chá e carne assada para todos. Além disso, as pessoas trazem presentes para a família. Meu pai gostava de exibir os filhos para os amigos. Ele levou um colega de trabalho, um homem branco que falava inglês, para a festa de celebração do meu nascimento.

— Que bonitinha — murmurou o estrangeiro, observando-me sorrir. — *Nice baby, nice baby* — disse o visitante. Ele queria dizer que me achava um bebê bonitinho.

— Gostei — disse meu pai. — Vamos chamá-la de "Nice".

Ele também me deu o nome de Retiti em homenagem à árvore *oretiti*, nativa na nossa região natal no Quênia. É uma árvore que se espalha projetando brotos que formam novos troncos e, depois de muitos anos, ao caminhar sob uma única árvore, alguém pode ter a impressão de estar caminhando por um enorme bosque.

Algumas pessoas usam a casca da *oretiti* para criar remédios. A madeira é forte e boa para fazer bastões, os quais auxiliam o pastoreio de animais. A árvore produz figos que alimentam animais e pessoas. Ela oferece sombra em uma parte do Quênia que, geralmente, é seca e empoeirada. Antes de a maioria de nós se converter ao cristianismo, as pessoas rezavam sob os galhos da árvore e faziam oferendas de sangue de vaca ou ovelha em tempos de dificuldade. Algumas pessoas ainda rezam embaixo de *oretitis*; os muitos troncos da árvore podem transmitir a mesma sensação de frescor e sacralidade emanada por uma catedral.

As pessoas dizem que a *oretiti* tem muitas ramificações. É uma única árvore, mas pode sustentar muitas pessoas.

Quando eu era jovem, as crianças debochavam de mim por ter aquele nome. Elas falavam "*Ret-tet-tet*", imitando o som de um pássaro tamborilando em um tronco oco. Eu detestava o nome e escolhi outro em seu lugar: Nailantei. Era um nome tradicional para meninas e não tinha nenhum significado especial; escolhi aquele nome porque soava bem.

Minha tia Grace diz que o nome antigo combina mais comigo. Segundo ela, assim como uma *oretiti*, cresci e me tornei uma pessoa capaz de segurar muitas outras em meus braços. Criei raízes não apenas na minha cidade natal, mas em todo o mundo. Grace disse que as pessoas contam comigo. Se eu tombasse, muitas pessoas chorariam.

Tenho dificuldade em me enxergar dessa maneira (no meu coração, ainda me sinto como uma simples criança nascida em uma vila), mas tia Grace tem razão. Dediquei minha vida a evitar que meninas sejam submetidas à mutilação genital feminina (MGF). Trata-se de um procedimento brutal e, por vezes, letal. Já viajei pelo mundo, conheci reis e celebridades, fiz discursos e recebi prêmios. Ajudei a salvar milhares de meninas. Minhas raízes ainda estão em uma pequena cidade queniana, mas estendi meus galhos por toda parte.

Faz sentido que eu tenha recebido o nome de uma árvore porque foi uma árvore que salvou minha vida quando fugi para não ser submetida à mutilação genital feminina. Se não fosse por aquela árvore, eu não teria conseguido me esconder e minha família teria cortado meu clitóris. Eu de fato podia ter morrido após ser submetida à MGF. Contudo, mesmo que tivesse sobrevivido, teria passado por um tipo diferente de morte. Eu era jovem, porém, depois do corte do clitóris, teria sido considerada uma mulher e minha família teria me obrigado a me casar com um homem mais velho. Eu teria abandonado a escola. Teria me matado de trabalhar todos os dias cuidando do meu marido e dos meus filhos. Em vez daquilo, por causa daquela árvore, minha vida se ramificou e se tornou algo totalmente diferente. Aquela árvore me deu a vida, a vida que tenho agora, a que meu pai não poderia nem ter sonhado quando me segurou nos braços e me chamou de Nice.

Uma menina massai

Cresci perto de Kimana, uma pequena cidade massai localizada na fronteira do Quênia com a Tanzânia. É uma área de planícies onde elefantes, gnus e girafas se alimentam da grama e das finas árvores sazonais. Os babuínos e macacos-*vervet* entram sorrateiramente nas casas das pessoas para roubar açúcar ou mel; como nós, eles gostam de doces. Onde corre água, as plantas são mais espessas e os animais se reúnem para beber e caçar uns aos outros. O monte Kilimanjaro fica nas proximidades. No final do dia, quando o céu está mais límpido, a luz do sol brilha em tons rosados no cume gelado do monte.

Minha cidade era pequena na época, embora tenha crescido muito desde então. Eram apenas algumas ruas com prédios simples feitos de blocos de concreto com um ou dois andares. Deviam morar umas cinco mil pessoas na cidade. Contudo, muitas delas, incluindo a minha família, moravam em casas distantes do centro da cidade. As pessoas massai possuem vacas, ovelhas e cabras, logo, precisamos de muito espaço para nossos animais pastarem.

No centro da cidade havia um mercado precário. Às terças-feiras, as pessoas caminhavam muitos quilômetros para expor, em caixotes virados, seus cabritos e cordeiros recém-abatidos, tomates e cebolas de seus pequenos jardins e roupas tradicionais feitas à mão. Naquela época, a estrada até Nairóbi não era pavimentada. Então, era preciso ser forte para aguentar a viagem pela estrada de chão repleta de ondulações. Quando os turistas visitavam, geralmente chegavam em pequenas pistas de pouso e contornavam nossa cidade por completo. Os moradores se locomoviam de moto ou a pé. Grupos de mulheres massai cruzavam as planícies carregando cargas de água ou lenha. Os homens massai, com as bolinhas brilhantes em seus *shukas* coloridos contrastando com a pintura desbotada e as plantas empoeiradas, se reuniam nos cantos ou sob as árvores.

É um lugar seco e há poeira por toda parte. Grandes nuvens de poeira em forma de funil se movem pelas planícies. Os animais e as pessoas passam e mal percebem tudo isso.

Os massai vivem nessa área há séculos. Ao contrário de alguns dos nossos vizinhos, nunca adotamos o hábito da caça. Criamos vacas e cabras, e vivíamos de sua carne e leite. Até hoje, essas ainda são as nossas comidas favoritas. Comemos poucos vegetais ou plantas. Um dos meus tios se gaba de nunca ter comido frango.

As famílias viviam juntas em uma mistura de estruturas tradicionais construídas à mão e casas mais modernas feitas de blocos de concreto. As casas tradicionais são estruturas circulares revestidas com uma mistura de esterco e lama. Nas casas, há duas pequenas camas feitas de couro esticado: uma para os pais e outra para as crianças. Esses são os únicos móveis. As casas são bem pequenas e escuras. São pouco mais do que um abrigo durante a noite. Passamos a maior parte do tempo em áreas externas à casa.

Nas nossas cidades, sempre havia um conhecido por perto. Além disso, as crianças corriam para dentro e para fora das casas umas das outras sem se preocupar em bater. Eu tinha facilidade para fazer amizade (até hoje ainda estou disposta a gostar de cada nova pessoa que conheço) e sempre encontrava um rosto amigo.

Essa cidade ainda é a minha casa. Apesar de hoje haver mais prédios, mais pessoas e, com certeza, mais carros do que quando eu era criança. Viajei por todas as partes do mundo. Mas aquela região, aquelas pessoas mexem comigo de uma maneira que nenhum outro lugar consegue. Amo nossas tradições: o pano brilhante dos *shukas* que usamos; as muitas vozes, cada uma cantando uma melodia ligeiramente diferente, misturando-se em nossas músicas com grande harmonia; o espírito generoso com que congregamos com nossas famílias e nossos vizinhos. Mas quero mudar muitas coisas em nossa vida: a pobreza, a falta de acesso à educação e, acima de tudo, a situação das mulheres.

Mudar não significa abrir mão do que há de bom em nós mesmos. Significa manter o que há de melhor enquanto aceitamos a necessidade de evoluir. Podemos pastorear gado enquanto carregamos celulares. Podemos usar roupas tradicionais em alguns dias e terninhos em outros. Podemos comer nossas refeições simples de carne e leite como também desfrutar de um frango *vindaloo* picante ou uma salada fresca de pepino. Podemos manter fortes laços familiares enquanto nossas mulheres têm acesso à educação e ganham dinheiro para ajudar suas famílias.

Sou massai. Faço parte da comunidade e ela faz parte de mim. Minha vida começou aqui e minha missão também.

Fazendo travessuras

Minha primeira infância foi cheia de amor, segurança e felicidade. O som da voz da minha mãe cantando uma música. Minha avó nos embalando para dormir com histórias ao lado da fogueira. A sensação da mão quente do meu pai envolvendo a minha quando caminhávamos juntos. Minha irmã, Soila, acariciando minha cabeça quando eu acordava por causa de um pesadelo.

As mães massai são amorosas, mas severas. Minha mãe não foi exceção à regra. Como eu estava sempre me metendo em encrenca, eu via muito aquele lado severo.

— Vamos fazer *chapatis* — sugeri ao meu irmão mais novo um dia, quando eu tinha uns quatro anos.

Soila se movia tão rapidamente pela nossa casa, cozinhando e limpando em harmonia com a minha mãe, que fazia o trabalho parecer fácil. Já tinha visto dezenas de vezes ela e minha mãe fazerem os pães macios que os quenianos adoram. Devia ser moleza, né?

Entramos em casa de fininho e pegamos algumas colheres de farinha. Depois, a misturamos com a água (cheia de terra) que escoava de um cano.

Quando a massa ficou pronta, estava muito mais vermelha do que eu esperava para a massa de *chapati*. Além do mais, estava salpicada de pedrinhas.

— Está esquisito — comentou meu irmão.

— Você só está com medo de experimentar.

Meu irmão não era medroso, então ele deu uma grande mordida. Eu não podia deixar um irmão mais novo demonstrar mais coragem do que eu. Dei uma mordida também. Consegui engolir um pouco da massa suja, mas havia lágrimas nos cantos dos meus olhos. Meu estômago não reagiu bem.

Uma tigela de farinha branca preciosa foi desperdiçada. Cada centímetro de pele e até nossas bocas estavam cobertos de lama.

A minha mãe comprimiu muito os lábios quando nos viu. Ela colocou as mãos na cintura.

— Olhem para vocês — repreendeu ela —, brincando com a comida da família.

Abaixei minha cabeça ao ouvir suas palavras, mas ela não havia terminado. Ela nos deu uns tapas fortes no bumbum. Quando terminou, suspirou e nos disse para irmos tomar banho.

Naquela noite, quando ela deu *chapatis* macios e brancos para os outros filhos, meu irmão e eu recebemos uma tigela simples de ensopado.

— Vocês já comeram sua porção de pão do dia — anunciou a minha mãe.

Eu sabia, pelo seu tom de voz, que nem adiantaria implorar.

Nunca mais roubamos farinha.

Minha irmã, Soila, não se metia naquele tipo de problema, pelo menos não pelo que me lembro. Ela era três anos mais velha do que eu e parecia incrivelmente madura, resistente e corajosa.

INTOCADAS

Quando as crianças massai são muito pequenas, um adulto aquece uma bobina de arame no fogo até que fique laranja. Em seguida, usa esse arame para queimar um círculo na bochecha da criança. Algumas pessoas dizem que as crostas das feridas espantam as moscas para longe dos olhos das crianças. A maioria das pessoas diz que o círculo é um símbolo especial para nos identificar como massai. Disseram que Soila era tão durona que nem chorou.

— Não dói muito — falaram os adultos para mim. — Ficar pensando nisso é pior do que a queimadura.

Eu tinha ouvido as crianças gritando quando o metal quente tocava suas bochechas e não queria passar por aquilo. Na primeira vez que vi minha mãe esquentando o arame para mim, corri para os campos e me escondi atrás de alguns arbustos. Fiquei longe de casa até a hora de dormir. Minha mãe me deu uma surra, mas eu sabia que era melhor que ser marcada a ferro quente. Fiz a mesma coisa na segunda vez e a surra foi um pouco pior. Na terceira vez, minha mãe fez Soila me segurar enquanto ela aquecia o arame, mas eu escapuli assim que Soila afrouxou o aperto.

Na manhã seguinte, minha mãe olhou para mim e suspirou.

— Você sabe o que quer, menina teimosa. É igual ao seu pai. Vai ficar sem marca no rosto, então.

Não tenho certeza, mas acho que vi um pequeno sorriso no rosto dela.

Até hoje não tenho marcas.

Soila conseguia cuidar da nossa casa quase tão bem quanto nossa mãe. Quando eu tentava lavar uma saia, de alguma forma ela acabava mais suja do que quando eu começara. Quanto à minha comida... podemos apenas dizer que todos pediam ajuda da Soila quando estavam com fome.

Quando via o que eu tinha feito, Soila suspirava e revirava os olhos. Em seguida, me ajudava a endireitar um cobertor amassado para que secasse de maneira uniforme ou raspava os pedaços queimados que eu tinha deixado em uma panela. Não importava quantas vezes ela me ensinasse, meu chá era sempre amargo, meu mingau, encaroçado, e eu deixava marcas de mãos sujas em tudo o que tocava.

— Nice — dizia ela —, não há esperança para você.

Mas não havia raiva em sua voz. Ela me ajudava a refazer tudo o que eu fizera tentando "ajudar" e depois me mandava ir brincar.

Ela limpava a poeira da minha saia quando eu não estava apresentável. Trançava meu cabelo e me chamava de chata quando eu reclamava dos puxões. Mesmo que ela me xingasse, percebi que ela era sempre mais gentil quando eu chorava.

Brincadeiras e tarefas

Os meninos e as meninas da cidade passavam os dias correndo e brincando pelo terreno. Não brincávamos de futebol nem críquete. Fingíamos ser pequenos adultos. Pegávamos bastões para pastorear um gado imaginário ou espantar animais selvagens. Pulávamos o mais alto que podíamos, assim como os jovens guerreiros, os *morans*. Saltávamos para o alto para demonstrar nossa força. Cantávamos nossas próprias versões das músicas dos adultos. Desafiávamos uns aos outros a pular para o outro lado do riacho sem nos molhar. Ao contrário das outras meninas, eu não gostava de brincar de ser mãe; espantar leões e hienas era muito mais interessante. Quando não estávamos inventando nossas próprias brincadeiras, fazíamos tarefas para nossas mães, pegando gravetos ou trazendo água. Além do mais, ríamos juntos enquanto caminhávamos.

Algumas das crianças gostavam de correr. Criávamos metas durante as brincadeiras: ganhava o primeiro que chegasse até a árvore, até o cupinzeiro (mas não em cima de um: nunca se sabia que animal poderia estar escondido lá) ou até o riacho. Soila derrotava todas as meninas e a maioria dos meninos. Eu seguia atrás e a encontrava encostada em uma árvore, fingindo que tinha adormecido enquanto esperava por mim.

— Mexe essas pernas preguiçosas, menina — dizia ela, mas falava aquilo com um sorriso.

Minha vida não era tão diferente da vida de qualquer criança crescendo em um ambiente rural; o cenário apenas se localizava no Quênia. Os turistas vêm do mundo inteiro para observar nossa vida selvagem. Todo mundo já viu fotos de manadas de elefantes vagando em frente a uma única árvore sobre um mar de grama com o monte Kilimanjaro como belo pano de fundo. *Majestoso. Selvagem. Mágico*, eles pensam. Quando os estrangeiros visitam, ficam boquiabertos com as girafas e isso me deixa perplexa. Elas são justamente os animais que se afastam mais lentamente quando chegamos perto demais. Ficávamos longe dos leões e fazíamos piadas sobre os javalis, animais bobos que corriam e, cinquenta metros depois, se esqueciam do que estavam fugindo. Porém, principalmente, os animais faziam parte do segundo plano. Para mim, guaxinins e gambás são criaturas peculiares; as girafas são tão normais quanto os esquilos são para os estadunidenses e europeus. Aqui é lindo mesmo. Sem dúvida. Valorizo essa beleza. No entanto, o norte do Quênia não é um lugar selvagem e majestoso para mim; é a minha casa.

Minha infância não foi apenas composta de brincadeiras. Como a maioria das mulheres massai, minha mãe deixou a escola ainda adolescente quando se casou com meu pai. Contudo, ela valorizava a educação e fazia questão de que frequentássemos a escola e fizéssemos nossos deveres de casa. Meu pai, que abandonou a escola depois de terminar o ensino fundamental, era da mesma opinião. Primeiro, meu irmão mais velho e, depois, Soila foram para a escola.

— Vocês terão a educação que não tivemos — disseram meus pais.

— Vocês serão a esperança do povo massai.

INTOCADAS

Eu tinha uns três anos quando Soila entrou na escola e me deixou em casa com minha mãe.

Quando ela voltou depois do primeiro dia, eu fiquei atrás dela.

— Como foi? Já aprendeu a ler? Vai ler uma história para mim?

— Aprendemos algumas músicas. E consigo escrever três letras — respondeu ela. — *A*, *B* e *C*.

— Mostra para mim, por favor — pedi.

Soila pegou um graveto e lentamente traçou as letras na terra.

— O que significam? — perguntei.

— Elas criam sons — explicou ela. — Tem outras letras.

Concordei com a cabeça. Então, peguei um graveto e escrevi as letras.

Depois daquele episódio, todos os dias, quando ela chegava em casa, eu implorava que me mostrasse o que aprendera. Quando não estava ocupada demais, ela me ensinava.

Quando ela estava fora de casa, eu me imaginava com um uniforme escolar chique saindo todos os dias para aprender coisas misteriosas, como letras e números, até minha mãe gritar para eu prestar atenção.

Quando eu sonhava acordada enquanto fazia minhas tarefas, minha mãe ou Soila poderiam gritar comigo… ou qualquer membro da comunidade poderia gritar comigo. Um menino que tenha desrespeitado uma pessoa idosa pode tomar um tapa de qualquer pessoa adulta que esteja por perto. Uma garota que fique conversando com os amigos em vez de pegar lenha pode ouvir um sermão de sua mãe… ou de qualquer mãe que a visse vagando. Eu não brigava, roubava nem desrespeitava as pessoas mais velhas, mas sabia que, se o fizesse, seria pega e punida.

Minha família estaria me observando mais de perto e, para o povo massai, o termo família é muito mais amplo do que na Europa ou nos Estados Unidos. Como todas as pessoas massai, meu pai pertencia a um grande grupo etário. Quando ele tinha cerca de doze anos, os anciãos de sua comunidade decidiram que era hora de ele e todos os meninos com idade próxima à sua se tornarem homens. Não há regras definidas para quantos meninos são iniciados ou com que frequência a iniciação ocorre. Eles podem ser tão jovens quanto meu pai era ou mais velhos, com até mesmo vinte e poucos anos. No grupo etário, poderia haver cinco ou cinquenta meninos. Não tenho certeza de quantos foram iniciados com meu pai, mas o grupo deve ter sido bastante grande, porque todos os dias aparecia alguém na minha casa para tomar chá com ele. Até hoje alguns homens se apresentam a mim como companheiros do grupo etário do meu pai.

Os meninos do grupo etário passavam meses se preparando, aprendendo com os homens mais velhos como cortar carne, usar uma lança, acender uma fogueira apenas com gravetos e cuidar do gado quando os mais velhos adoeciam. Os homens ensinavam aos meninos como tratar suas esposas e filhos. Eles até os ensinavam a matar leões, os únicos animais que os homens massai caçavam. Quando aprendiam o que os mais velhos tinham para ensinar, os meninos eram circuncidados juntos. Meu pai era corajoso, então sei que ele deve ter ficado parado e em silêncio enquanto era circuncidado. Não havia anestesia. A expectativa era de que ele ficasse quieto e calado. Depois, os meninos viviam juntos por conta própria em uma pequena vila por alguns meses. Não existia cerca para protegê-los. Na minha região, havia hienas e leões que vagavam à noite. Imagino que eles tenham se sentado perto da fogueira até tarde da noite, contando piadas e conversando sobre mulheres para evitarem pensar no medo e na dor.

Quando todos estavam curados, os meninos eram iniciados juntos na vida adulta e se tornavam *morans*, que significa "jovens guerreiros." Eles também se tornavam amigos e parentes para toda a vida. Os companheiros de grupo etário se ajudavam a pastorear o gado, emprestavam dinheiro uns aos outros, compartilhavam a comida e, às vezes, até as esposas. Quando um homem visita um companheiro de grupo etário, ele pode dormir com a esposa de seu amigo (se ela consentir) e, porque eles estão todos ligados uns aos outros, não é algo considerado vergonhoso para a mulher ou para os homens.

Os companheiros de grupo etário de um homem são seus irmãos. Quando visito minha casa, às vezes vejo homens andando juntos, de mãos dadas, e penso em meu pai e em como ele andava com seus amigos da mesma forma.

Quando minha mãe se casou com meu pai, ela se tornou um membro de seu grupo etário. De certa forma, ela também se tornou mãe de todos os filhos do grupo. Lembro do meu irmão mais novo e eu caminhando longe de casa um dia, fingindo que estávamos caçando leões. Paramos para descansar perto de um riacho e ambos percebemos que já era de tarde. Nossos pés estavam doendo, estávamos com fome e nossa casa ficava a vários quilômetros de distância. Um grupo de homens estava conversando ali perto e reconheci um deles de quando ele vinha tomar chá com meu pai. Meu irmão e eu nos aproximamos, de cabeça baixa.

— Nice? — disse ele. — Por que tão longe de casa?

— Desculpa. Estávamos andando e ficamos com fome.

— Sim. — Ele riu. — Seu pai me disse que vocês estão sempre com fome. — Então apontou para a esquerda. — Sigam por este caminho até ver minha casa. Minha esposa vai encher suas barrigas gulosas.

Agradecemos e corremos. Meus pés não me incomodavam mais porque eu sabia que havia comida por perto.

Visita

Meus avós maternos moravam a quinze quilômetros da estrada mais próxima, então caminhávamos pelo mato para visitá-los.

A primeira visita de que me lembro foi quando eu tinha cerca de quatro anos. A viagem parecia interminável.

— Me carrega! — choraminguei para minha mãe.

Meu irmão mais novo tinha um assento confortável (ele estava amarrado às costas dela), mas eu tinha que andar e meus pés estavam doloridos.

— Você é grande o suficiente para andar sozinha, Nice — respondeu ela.

Soila me deixava montar em suas costas por curtos trechos, mas nunca por muito tempo. Afinal de contas, ela só tinha sete anos.

Quando estava certa de que vagaríamos em meio à vida selvagem por quarenta anos, chegamos a uma grande cerca redonda feita de espinhos e arbustos. Mantinha o gado dentro (junto com suas moscas) e outros animais do lado de fora. Como nos outros pequenos assentamentos pelos quais passamos em nossa caminhada, o terreno era completamente isolado. Eu tinha ouvido histórias de hienas pegando crianças enquanto dormiam, mas quando olhei para aquela cerca gigante, sabia que estaria segura com meus avós.

INTOCADAS

Quando chegamos ao portão do cercado, que ficava aberto durante o dia, minha mãe chamou os pais dela. Eles gritaram de volta, então saíram para nos cumprimentar. Meu avô começou a cantar uma canção de boas-vindas. Então seus filhos mais velhos começaram a cantar também. As mulheres, lideradas pela minha avó, começaram a cantar em seguida. Cada pessoa cantava uma nota diferente, mas as vozes se misturavam em uma música profunda e alegre que eu podia sentir vibrando no meu peito.

Pequenas casas, construídas pelas mulheres com barro e esterco, rodeavam a cerca, e os animais ficavam no meio do cercado. Cada casa tinha dois quartos pequenos, um para a mãe e o pai e o segundo para os filhos. Cada quarto tinha a extensão do braço de um adulto e dispunha de um couro bem esticado que servia de cama. As casas eram escuras, frescas (já tinha visto um ou dois sapos se instalarem lá dentro) e usadas principalmente para dormir. A maioria das nossas atividades (lavar, cozinhar, comer, brincar) acontecia ao ar livre.

Meu avô abateu uma cabra para nos receber. As mulheres não eram bem-vindas ao redor da fogueira. Contudo, eu podia sentir o cheiro da carne sendo assada e percebi que estava com fome.

Sentamo-nos do lado de fora em círculo quando era hora de comer.

Primeiramente, meu avô deu a volta em nosso círculo, carregando o fígado da cabra e uma faca. Ele parou diante de cada um de nós e cortou fatias generosas. Fechei os olhos enquanto mastigava, deleitando-me com aquele sabor maravilhoso.

Em seguida foi a carne, que havia sido carbonizada nas chamas. A carne foi temperada somente com sal e fogo. Porém, o animal era saudável e comia somente plantas da região. Logo, não era necessário usar temperos sofisticados para a carne ter um sabor delicioso.

Finalmente, chegou a sopa. Cada um de nós recebeu um pequeno copo de lata. Era um prato simples que usava o resto do animal e ervas silvestres — algumas para adicionar sabor, outras por questões de saúde. Não gostei do sabor forte e gorduroso, mas vi minha mãe me encarando. Então, tomei tudo.

— Bebam seu caldo — diziam as mulheres massai aos seus filhos — se quiserem ter uma vida longa.

Na manhã seguinte, minha mãe, Soila e minha avó foram buscar lenha.

Antes de partirem, minha avó me mostrou como encher o cocho da vaca. Em retrospectiva, percebo que, provavelmente, ela e minha mãe queriam andar e conversar sem uma menininha chorona a tiracolo. Mas, na época, me senti muito importante.

Minha avó deixou um pouco de mingau dentro de casa e me disse para comer depois que eu desse de beber às vacas.

Quando voltei para casa, caminhei pelo lado de fora, procurando uma porta, mas não a encontrei. A casa também não tinha janelas. Minha impressão era de que não havia aberturas.

Sem conseguir entrar em casa e ainda com fome e mal-humorada, sentei-me no chão e chorei.

Quando as mulheres voltaram, eu estava deitada no chão, a poeira grudada nas lágrimas do meu rosto.

— Não tem porta! — gritei antes mesmo que pudessem me perguntar o que tinha acontecido.

Minha avó olhou para mim, virou de lado e entrou na casa. Não tinha porta, mas a casa não era um círculo perfeito. A parede da frente se estendia cerca de trinta centímetros na frente da parede atrás dela, dando à casa a forma de uma concha de caracol. De alguma forma, eu não tinha reparado naquilo na noite anterior, tampouco naquela manhã. Eu estava acostumada com a nossa casa, uma mistura dos estilos massai e ocidental. Tínhamos paredes de barro e esterco e chão de terra, mas também tínhamos uma porta e janelas de madeira. Depois que segui minha avó e entrei, ela riu e me chamou de *emeeki*, o modo como chamamos uma pessoa não massai.

Ela ainda conta essa história hoje em dia para me fazer passar vergonha.

— Eu só tinha quatro anos — costumo dizer a ela.

— Parece uma desculpa que uma pessoa *emeeki* daria — responde ela, rindo.

Todos naquele pequeno círculo de lares eram da família. Meu avô teve várias esposas e sei lá mais quantos filhos. Quando terminamos nossas tarefas matinais, eu os observei brincar. Eles gritavam, riam e corriam. Eu não conhecia nenhum deles. Fiquei atrás da Soila, olhando para eles por detrás de sua saia.

Em determinado momento, começaram a dançar e cantar juntos. Alguma coisa na música deles parecia familiar, mas não consegui identificar exatamente o que era. Então me lembrei do dia anterior. Estavam cantando a música de boas-vindas (mais ou menos) e eu era a pessoa sendo recepcionada. Saí correndo de trás da Soila e passamos o resto do dia brincando.

Todos os dias durante a nossa visita, as crianças mais novas seguiam meu avô, observando-o inspecionar as vacas. Eu fiz o mesmo. Ele era alto e andava com uma longa bengala. Estava envolto em um tradicional *shuka* vermelho. Os lóbulos das suas orelhas eram longos, com grandes buracos que ele havia feito, e que foram esticados com objetos cada vez maiores ao longo dos anos.

Enquanto trabalhava, fazia um monólogo contínuo.

— Preciso ficar de olho no casco desta vaca. Pode estar infectado onde aquela pedra se alojou ontem — dizia às vezes para si mesmo.

— Tenho que lembrar às mulheres que consertem as casas antes que as chuvas cheguem.

— A cerca está se desgastando no lado oeste. Preciso dizer às crianças para pegarem mato e remendarem a cerca.

Na época, pensei que ele estivesse simplesmente falando sozinho. Porém, agora percebo que ele estava ensinando seus filhos e netos a cuidarem dos animais e de si mesmos.

— Venham, sentem-se comigo — pediu ele a nós um dia, parando debaixo de uma árvore para descansar.

— Quando eu era mais jovem — continuou ele —, meu avô me ensinou que todo o gado do mundo nos pertence. Deus deu todo o gado ao povo massai. Então, se virem uma vaca com algumas pessoas *emeeki*, não tem problema pegar de volta. O que acham disso?

Ninguém respondeu. As crianças massai obedientes aprendem a nunca contradizer ou questionar alguém mais velho. Contudo, eu sabia que na Bíblia outras pessoas possuíam gado e não eram pessoas massai. Eu também sabia que roubar era errado.

Meu avô riu.

— Vocês sabem que não é certo roubar o gado de outro homem.

Rimos também. Obviamente, meu avô não roubaria.

— Mas meu avô não estava errado — acrescentou ele.

Franzi a testa.

— Veja bem, Deus nos deu o gado massai. E nos deu a responsabilidade de cuidar desse gado. Se houver pouca água ou grama, temos que encontrá-las para os nossos animais. Se uma vaca mãe precisar de ajuda para dar à luz, nós a ajudamos. E, em troca do nosso cuidado, as vacas nos dão o que precisamos. Houve uma época em que éramos os únicos pastores no Quênia, talvez no mundo. Então, quando víamos um *emeeki* com gado, sabíamos que era roubado.

Concordamos com a cabeça. Fazia sentido. O povo massai não estava roubando, apenas tomando de volta o que lhes pertencia.

— Lembrem-se sempre, crianças: somos o povo do gado.

***

Minha avó era bonita e andava sempre arrumada, como minha mãe, embora fosse mais velha. Na época, pensei que ela fosse muito velha, mas hoje percebo que ela não devia ter mais do que cinquenta anos.

Como qualquer esposa massai, ela estava sempre fazendo alguma coisa. Buscava madeira e água. Cozinhava. Lavava as roupas. Consertava a casa. E ela fazia tudo aquilo sorrindo.

— Tenho os melhores netos do mundo — dizia ela.

Um dia, Soila e eu ficamos atrás da nossa avó enquanto ela preparava *ugali*. Ela ferveu uma panela de água na fogueira.

— Nunca apressem o processo — instruiu, sacudindo um pouquinho de fubá e mexendo a panela. Entregou-me a tigela de fubá.

— Você gosta de *ugali* com caroço, Nice? — perguntou ela.

Balancei a cabeça.

— Menina esperta. Então, coloque aos poucos.

Inclinei a tigela, mas só um pouco. Apenas o equivalente a uma colherada caiu na panela.

Ela entregou a colher para Soila.

— Quando terminarem, levem uma tigela para o seu avô — orientou ela — e mostrem a ele como serão boas esposas massai um dia.

Depois que comemos (longe do meu avô, uma vez que homens e mulheres massai, tradicionalmente, comem separados), minha avó pediu a Soila e a mim para nos sentarmos e ouvirmos. Soila se sentou na frente dela com as pernas esticadas. O *leso* (tecido que as meninas usam para enrolar ao redor de si mesmas) estava dobrado cuidadosamente em torno de suas pernas. Eu me joguei no chão e embrulhei meu *leso* em volta do pescoço e dos ombros.

Minha avó se ajoelhou e gentilmente endireitou minhas pernas.

— Uma menina massai sempre se senta ereta na frente de uma pessoa mais velha e suas pernas devem estar esticadas para a frente — explicou ela, colocando a mão em cima do meu joelho. — Além disso, uma menina massai deve sempre usar vestimentas modestas —

acrescentou minha avó, gentilmente pegando o *leso* dos meus ombros e colocando-o em volta das minhas pernas.

— Nice, vai conseguir se lembrar de fazer isso? — questionou ela.

Assenti. Entendia o conceito de me sentar corretamente. Lembrar não era o problema. Evitar me contorcer, sim.

— Eu mereço respeito? — perguntou ela.

— Com certeza — respondemos Soila e eu ao mesmo tempo.

— Quando se sentam assim, vocês mostram que me respeitam. Me fazem sentir que sou uma boa avó. Fico orgulhosa de ver vocês fazendo isso.

Saber que aquilo fazia minha avó se sentir bem tornava o comportamento adequado um pouco mais fácil. Apesar daquilo, ainda sentia uma dúzia de coceiras e formigamentos ilusórios sempre que tentava me sentar empertigada, mas podia ignorá-los sabendo que aquilo provocava orgulho nela.

No ano seguinte, visitei meus avós por conta própria. Minha mãe me levou até lá, mas ficou apenas alguns dias. Meu pai e meus irmãos precisavam dela em casa, e minha irmã, Soila, precisava ficar e ajudar.

Quando chegou a hora de ir para casa, minha avó me acompanhou. Para uma pessoa massai adulta, quinze quilômetros é uma caminhada fácil, mas meus pés estavam destruídos.

— Estou com fome — falei. — Meus pés doem.

Em nosso percurso até a casa dos meus avós, minha mãe me disse para parar de reclamar e continuar andando, mas as avós são mais pacientes.

— Silêncio, criança — murmurou ela. — Você vai comer.

Não era como se tivéssemos a opção de entrar em um restaurante à beira da estrada ou dormir em um hotel, mas havia muitas pequenas vilas, cada uma com apenas um punhado de casas, ao longo da estrada.

Minha avó sabia que aquelas casas estariam abertas para nós. Durante os períodos de seca, os homens massai caminham centenas de quilômetros em busca de pasto saudável para o gado e sabem que, ao longo do caminho, podem ir a qualquer casa massai e conseguir um lugar para dormir. Tal estilo de vida criou uma cultura de hospitalidade. Minha avó sabia que um lar massai significava abrigo.

Como ainda digo hoje:

— Contanto que eu encontre uma pessoa massai, sei que estou em casa.

Passamos por uma cerca. Era mais baixa do que a cerca do meu avô, mas ainda alta e robusta o suficiente para manter os animais afastados.

— Olá? — chamou minha avó, inclinando-se sobre o portão.

Ali havia apenas poucas casas e o curral não tinha mais que cinquenta vacas. Uma criança, vestindo nada além de uma camisa larga cheia de buracos, olhou para nós do canto de uma casa. Quando me viu olhando, ela sumiu.

Uma mulher caminhou em direção ao portão.

— Sejam bem-vindas — cumprimentou ela. — Meu marido não está, mas vocês podem entrar.

A mulher e minha avó se apresentaram, falaram os nomes de seus pais, seus clãs... rapidamente, parei de prestar atenção. Eu já sabia que pessoas massai passavam muito tempo se apresentando.

Comecei a ouvir novamente quando minha avó perguntou se eles tinham comida para sua neta faminta.

Não tinham comida preparada, mas tinham leite fresco e estavam felizes em compartilhar.

— Está frio — sussurrei para a minha avó. Eu estava acostumada a tomar leite aquecido no fogo.

— Quieta — respondeu ela. — É um bom leite. E é tudo o que eles têm.

Não tinha pensado naquilo, pensava apenas na minha própria fome.

— Obrigada — sussurrei para a mulher.

Passamos a noite na pequena casa. Eles não tinham muito e nem mesmo eram da nossa família, mas nos receberam com naturalidade; as pessoas massai cuidam umas das outras.

Minha avó era uma grande contadora de histórias. Ela ficou em nossa casa por uma noite depois de me levar de volta. As crianças estavam deitadas juntas em um colchão, ouvindo enquanto ela contava histórias que haviam sido transmitidas por séculos. Minha avó cantava suas histórias e eu me lembro de como era ouvi-la, ainda que não me lembre de todas as palavras. Ela nos deixava com medo. Ela nos fazia rir tanto que rolávamos no chão. Alguns personagens apareciam muitas vezes: o coelho trapaceiro que enganava o resto dos animais, a mulher ciumenta, o ogro faminto, o homem ganancioso. Sempre havia uma lição por trás da diversão; aprendemos a fazer nosso trabalho e a compartilhar o pouco que tínhamos. Afinal, os vilões eram sempre derrotados. As pessoas inteligentes e persistentes eram recompensadas.

Aquelas histórias influenciaram quem me tornei, assim como influenciaram gerações do povo massai. Muitas vezes penso nessas histórias e nem sempre me lembro de todos os detalhes que ouvi. Porém, as emoções das histórias permanecem comigo.

Existe uma história de que nunca vou me esquecer: a história de dois meninos que se amavam e foram separados. Os sons dos meninos chorando em uníssono me deixaram profundamente triste. Mas era um tipo de tristeza boa e segura, pois quando minha tristeza passava, o rosto amoroso da minha avó estava lá para me confortar.

O menino que chorou

Era uma vez um homem que tinha duas esposas. Cada esposa gerou um filho com ele. Quando o filho mais velho era jovem, sua mãe morreu. A segunda esposa o acolheu em sua casa e o criou.

Aqueles irmãos brincavam juntos, dormiam na mesma cama e, quando estavam com idade suficiente, começaram a pastorear o gado do pai. Havia uma vaca boazinha que era a favorita deles. Enquanto vagavam pela savana com o rebanho, compartilhavam o leite dela.

— Filho do meu pai — cantavam um para o outro enquanto ordenhavam a vaca —, não vou beber sem você.

A esposa viu a afeição entre eles crescer. Trabalho até ficar exausta todos os dias cuidando do filho de outra mulher, *pensou ela.* Meu filho deveria herdar o gado.

— Vocês dois estão com uma aparência desleixada — comentou ela naquela noite enquanto os meninos estavam fazendo a refeição noturna. — Venha até mim amanhã, meu filho, e cortarei seu cabelo.

No dia seguinte, o filho dela deixou o gado com o irmão e foi até a casa da mãe e ela cortou o cabelo dele com uma navalha.

Naquela noite, ela disse ao enteado:

— Venha até mim amanhã. Vou cortar seu cabelo também.

Na manhã seguinte, a mãe cavou um grande buraco sob a cabeceira da cama da família. Quando o menino foi até ela para cortar o cabelo, ela fingiu deixar cair a navalha.

— Entre no buraco e pegue minha navalha — pediu ela —, e vou cortar seu cabelo.

Assim que o menino entrou no buraco, ela rolou uma grande pedra sobre o buraco.

Quando o menino não voltou para estar com o irmão, as pessoas da vila o procuraram, mas ele não apareceu.

— Filho do meu pai, filho do meu pai — gritou o menino —, para onde você foi?

As pessoas procuraram o dia todo, mas não encontraram nada. Com o tempo, desistiram de procurar. Deve ter sido comido por um animal, pensaram.

As pessoas logo procuraram por melhores áreas de pasto. Queimaram sua antiga vila e seguiram em frente.

Semanas depois, o menino mais velho estava pastoreando o gado sozinho e se deparou com a velha vila. Ele se sentou em uma pedra. Lembrou-se do irmão.

— Filho do meu pai — cantou ele —, não vou beber sem você.

Uma voz fraca cantou de volta:

— Filho do meu pai, beba sem mim, permita-se ser nutrido. Sua mãe me enterrou em um buraco.

O menino ficou de pé, atônito.

— Filho do meu pai — cantou ele novamente —, não vou beber sem você.

Mais uma vez ouviu o canto em resposta e percebeu que vinha da pedra. Rolou a pedra para longe e viu seu irmão.

As roupas do menino estavam esfarrapadas, seus olhos sensíveis por causa da luz do sol. Ele tinha comido terra por todo aquele tempo e estava fraco demais para sair do buraco.

INTOCADAS

Seu irmão o puxou para fora, deu-lhe suas próprias roupas e o alimentou com leite fresco. Quando estava forte o suficiente para andar, os meninos foram para a nova vila.

A mãe tinha sido egoísta e ciumenta. Então, o menino mais novo afiou sua lança e a esfaqueou em vingança.

E os meninos viveram juntos felizes para sempre.

O corte

Certa manhã, pouco antes de o sol nascer, quando eu tinha três ou quatro anos, minha mãe me acompanhou pela escuridão silenciosa até uma pequena casa nos limites da nossa cidade. Na porta, uma garota de catorze anos estava sentada em uma pele de vaca; as mulheres formavam um semicírculo ao redor dela. Elas cantavam, encorajando a menina a ser forte, dizendo que logo seria uma mulher.

Eu podia ouvir os homens, próximos, mas fora do campo de visão, cantando. Eles estavam bebendo cerveja caseira. O que viemos assistir era um assunto feminino, mas os homens cantavam e incentivavam as mulheres, desejando força e coragem. Era uma celebração para toda a comunidade. Às vezes, as vozes, masculinas e femininas, chamavam e respondiam umas às outras.

A luz do dia ainda estava rosada e suave quando começaram o que viemos assistir: o corte. A garota comprimia os lábios e tensionava os músculos. Ela fechou os olhos e engoliu em seco. Todas nos aproximamos um pouco. Uma tia da menina se ajoelhou em uma perna, sua avó em outra, e abriram bem as pernas da menina. A mãe se sentou atrás da garota, segurando-a com firmeza. A menina se inclinou para trás. Pareceu, por um momento, que nada aconteceria. Todas ainda estavam sob a luz do início da manhã. Então uma mulher mais velha, uma parteira de uma cidade próxima, deu um passo à frente e cortou entre as pernas da menina com uma navalha. O sangue espirrou nas mãos da mulher e no couro de vaca. Ela cortou de novo e de novo.

— Tire tudo, tire pela raiz — cantavam as mulheres. O corpo da garota ficou duro, ela tentava não gritar. A parteira esticou e cortou o clitóris da menina, puxou e cortou, enquanto a menina rangia os dentes e suava. Eu podia ouvir a carne se rasgando e sentir o cheiro de ferro no ar. O sangue escorria pelos pulsos da parteira.

Por fim, ela terminou. O corpo da menina tremeu, mas sua mãe a segurou com força até que ela pudesse respirar novamente. As mulheres a ajudaram a ficar de pé. Ela entrou trêmula em casa e desabou em um colchão de palha. Parada na porta, olhei fixamente para a garota que gritava, o corpo convulsionando de dor. Eu observava e segurava a mão da minha mãe.

Fiquei muito quietinha e paradinha naquela tarde. Não fiz pergunta após pergunta à Soila; nem reclamei das tarefas.

— Qual é o problema com você hoje? — perguntou Soila para mim.

— Aquela menina vai ficar bem? — questionei a ela.

Soila ficou imóvel.

— Todo mundo passa pelo corte. Ela ficará bem.

Mas a menina não ficou bem. Poucos dias após a cerimônia, ela desenvolveu uma febre. Mais alguns dias depois, ela estava morta. Alguém havia amaldiçoado a família, diziam as pessoas.

Na noite em que ela morreu, enrolei-me ao lado de Soila na cama.

— E se alguém nos amaldiçoar?

— Ninguém vai amaldiçoar você, Nice. Agora vá dormir.

Ela esfregou as minhas costas por alguns minutos. Pouco depois, sua respiração ficou estável e a mão caiu para o lado.

Olhei fixamente para a parede. Eu tinha me comportado mal tantas vezes. A primeira esposa do meu pai não gostava da minha mãe. Havia muitas pessoas que poderiam nos amaldiçoar. Não estávamos seguras.

E doía tanto. Eu tinha visto aquela menina gritar. Tinha visto os tremores e suores dela. Como algo bom pode causar tanta dor?

Ao contrário de muitas das minhas lembranças de infância, essa eu posso ver em detalhes muito nítidos quando fecho os olhos. É uma lembrança que gostaria de poder apagar.

Nos anos seguintes, testemunhei cerca de dez cerimônias de corte. Não conseguia me acostumar a ver aquilo.

A fé dos meus pais na tradição foi o motivo pelo qual minha mãe me levou para ver um corte pela primeira vez. Há uma história que as mães e as avós massai contam para as filhas sobre a origem do corte. Minha mãe e minha avó me contaram.

Certa vez, diz a história, o povo massai estava em guerra com os caçadores que viviam próximos a eles. Os caçadores se tornaram gananciosos e preguiçosos e roubaram o gado massai para comer. As pessoas massai lutaram para proteger o que lhes pertencia. Um dia, uma menina massai viu um belo guerreiro entre os caçadores e se apaixonou por ele. Ela não se importava com o fato de que o povo dele roubava de seu povo. Não se importava com o fato de que ele estava lutando contra seu pai e seus irmãos. Ela só se importava com a própria luxúria e dormia com o guerreiro. Quando seu povo descobriu o que ela tinha feito, queriam se certificar de que a luxúria nunca mais se manifestaria nela. Cortaram seu clitóris. Depois daquilo, a menina permaneceu leal ao seu povo. O povo massai ficou tão comovido com sua mudança de comportamento que todas as mulheres massai passaram a receber o corte.

O corte passou a fazer parte da nossa identidade como povo. Ensinar sua filha sobre o corte significa ensiná-la a fazer parte da comunidade. Minha mãe passou pelo corte. Sua mãe, sua avó e todas as nossas mães que remontam à história sofreram o corte. Houve dor. Mas somos massai e suportamos essa dor com força. Aquele sofrimento fazia parte de ser mulher e de estar integrada ao nosso povo. Minha mãe sabia dos perigos, sabia da dor, sabia das consequências para a menina. Mas ainda assim me pegou pela mão e me levou até a cerimônia. Era a nossa essência.

Meninos e meninas massai passam por aquela "circuncisão" antes de serem considerados homens e mulheres. Para os meninos, isso significa a remoção do prepúcio. É um rito doloroso, mas um menino não perde o prazer sexual. Além disso, há poucos ou nenhum efeito colateral a longo prazo.

Para as meninas, o procedimento significa a remoção de todo o exterior do clitóris. Tradicionalmente, as meninas passam pelo ritual sem receber antibióticos ou analgésicos. Se o sangramento for intenso, a parteira espalha uma mistura de gordura de vaca e lama ou esterco na ferida para tentar parar o sangue. Algumas meninas morrem de choque, hemorragia ou infecção. As pessoas inventam desculpas (a menina foi amaldiçoada, tinha problemas de saúde, a família era fraca), mas acredito que todos sabemos que a verdadeira causa é o próprio corte.

O corte pode causar danos à saúde ao longo da vida: cicatrizes, cistos e abscessos. O sexo e a micção podem se tornar dolorosos. Algumas mulheres desenvolvem infertilidade devido a infecções recorrentes por causa do corte. Para as mulheres que passam pelo corte, o sexo se torna, na melhor das hipóteses, um dever, não um prazer; na pior das hipóteses, é um martírio doloroso. O parto se torna muito mais perigoso. O termo "circuncisão" traz à mente o pequeno corte que os meninos recebem. Para as mulheres, o procedimento é muito mais sério e mais destrutivo. Por ser tão prejudicial, prefiro chamar de mutilação genital feminina.

Mesmo com todo o dano causado pelo corte, para a maioria das meninas massai, as consequências de não se submeter ao corte são piores do que os perigos. Sem o corte, as meninas não são consideradas adultas. Não podem se casar ou ter filhos. Suas famílias passam por uma humilhação pública e as meninas se tornam párias. Minha mãe sabia que eu sofreria como ela sofreu se eu passasse pelo corte, mas ela também sabia que, sem ele, eu nunca seria uma igual perante as outras pessoas massai.

Eu valorizo a tradição. Eu era uma menina que respeitava a própria família. Mas, naquela manhã, quando vi aquela menina se contorcer de dor, uma pequena dúvida começou a crescer dentro de mim. Não prometi renunciar ao corte naquele momento. Fazer aquilo teria sido uma atitude impensável para uma menina de quatro anos. Mas comecei a temê-lo.

À medida que crescia, cresciam também as minhas dúvidas. Sempre fui uma menina que se perdia em seus próprios pensamentos. Muitas vezes, aqueles pensamentos eram sobre o corte. Lembrei daquela menina morrendo mesmo depois que todos tinham dito que ela ficaria bem. A cada corte que eu testemunhava, a cada jorro de sangue, a dúvida aumentava. Quando vi as meninas abandonarem a escola logo depois de passarem pelo corte, aquela dúvida cresceu. Quando vi mais meninas doentes ou morrendo por causa da "maldição", aquela dúvida me dominou.

— Não quero ser submetida ao corte — finalmente admiti para mim mesma quando tinha cerca de seis anos.

Eu não planejava fugir, não naquela época. Ainda achava que passaria pelo corte. Afinal, não passar pelo corte significava me tornar um pária e eu não queria ficar sozinha. Mas consegui admitir para mim mesma que eu não gostava de tudo em nossas tradições. E eu sonhava em fugir do jeito que fugira do metal que deixaria uma cicatriz em minhas bochechas.

Eu amava minha família. Amava meu povo. Mas aquilo, eu pensava, estava errado. A tradição pode ser boa. Pode ser bonita. Contudo, algumas tradições precisam ser rompidas.

Uma noiva massai

Recentemente, um dos meus tios me deu uma foto dos meus pais. Eles estão posando em frente a uma imagem de fundo fotográfico rosa-claro. Não éramos pessoas ricas que conseguiam registrar cada detalhe de nossa vida em filme. Portanto, a foto deve ter sido tirada quando um fotógrafo fora à igreja ou ao local de trabalho do meu pai. Na foto, minha mãe está com o cabelo bem trançado e uma roupa floral; meu pai usa um terno preto impecavelmente passado. As cicatrizes circulares da minha mãe (as marcas feitas pela bobina de metal da qual eu tinha fugido) estão bem visíveis. Nenhum dos dois sorri. Na foto, meus pais parecem belos e bem-sucedidos, mas não é exatamente daquela forma que me lembro deles. Eles nunca ficavam assim, rígidos, quando vestiam suas melhores roupas.

Meu pai sempre estava sorrindo. Ele era um político na nossa região, trabalhava para melhorar a vida do povo massai. Ele parava para ouvir e debater até com as pessoas mais jovens. Ele tinha palavras gentis para todas as pessoas e sempre tinha moedas no bolso para dar às crianças. Eu adorava doces, então ele sorria quando me dava um pouco de dinheiro para comprar um.

Minha mãe estava sempre bem-vestida, exatamente como na foto. A blusa de um vermelho brilhante e a saia azul estavam sempre limpas. Ela tinha o cabelo comprido e uma fenda entre os dentes. O povo massai aprecia essa fenda entre os dentes. Embora a foto mostre sua beleza, não capta seus gestos: as mãos dela nunca paravam. A foto não captura a expressão nem o seu cheiro. Ela trabalhava duro, mas mantinha o cabelo arrumado e a pele macia. Todas as noites, ela aplicava no corpo a loção *Lady Gay* e pó de arroz. Se fechar os olhos, ainda posso sentir um vestígio daquele cheiro.

Minha mãe e meu pai criaram quatro filhos juntos: Kevin, ou papai, como o chamávamos; Soila; eu; e meu irmão mais novo. Meu pai também tinha duas filhas e três filhos com a primeira esposa. Uma curta caminhada nos separava da casa onde moravam aqueles filhos.

As regras do povo massai sobre casamento e sexualidade são diferentes das do Ocidente. A monogamia não é o padrão almejado. Geralmente, os homens massai se casam com várias esposas e elas vivem próximas umas das outras em paz. As mulheres massai sabem que seus maridos podem cuidar delas enquanto cuidam de outras mulheres também. Não existe divórcio para o povo massai. Quando um homem se cansa de sua esposa, ele não a abandona nem abandona os filhos para que possa se casar com uma mulher mais jovem. A família fica unida. Podemos não ter monogamia, mas temos moral.

No entanto, as coisas estão mudando. Muitas jovens, inclusive eu, não querem ser uma segunda ou terceira esposa.

Recentemente, uma senhora mais velha me disse:

— Vocês, moças, são tão egoístas, por que não estão dispostas a compartilhar seus maridos?

Um dia, cheguei em casa e contei para a minha mãe que a primeira esposa do meu pai tinha me dado um *chapati*.

Minha mãe me agarrou pelos ombros.

— Preste atenção, Nice — disse ela, se inclinando e falando lentamente. — Nunca coma nada que ela lhe der. Jamais. Ela pode envenenar você. Não é seguro.

INTOCADAS

Ela também me disse que a primeira esposa do meu pai era preguiçosa e hostil. Ela nunca quis ser a esposa de um político e não servia chá para estranhos nem os recebia em sua casa. Minha mãe alegou que a primeira esposa brigava com os vizinhos e com a própria família e desrespeitava meu pai. Não sei quanto daquilo era verdade e quanto era rivalidade. Contudo, ao longo dos anos, muitas pessoas me disseram que a primeira esposa era uma companheira ruim para meu pai.

O que quer que pensássemos da primeira esposa do meu pai, amávamos nossos meios-irmãos e meias-irmãs. Minha mãe era tão amorosa e severa (ela não tolerava nenhuma bobagem) com eles quanto era conosco. Ela os alimentava, cuidava de seus machucados e os abraçava como se fossem seus.

Minha mãe era uma estudante quando conheceu meu pai. O nome dela era Alice Mantole. Ela tinha que caminhar muitos quilômetros até o internato, longe demais até mesmo para uma pessoa massai chegar em um dia. Então, ela parava na casa das pessoas que se tornariam meus avós paternos. Meus avós não eram parentes nem amigos íntimos da família da minha mãe. Ela só parava ali porque era uma casa massai em seu trajeto. Acolher outras pessoas massai, parentes ou não, faz parte da nossa cultura.

Embora existam escolas municipais na maioria das cidades do Quênia, muitas ensinam apenas o básico. As escolas municipais têm poucos professores ensinando muitos alunos. Não há dinheiro nem para o básico, como lápis e papel. Como se espera que os alunos trabalhem com os pais em casa, as crianças têm pouco tempo para se dedicar aos estudos e o progresso é lento. Os internatos, por outro lado, oferecem um local onde os alunos podem se dedicar aos estudos em tempo integral. Essas não são as instituições caras e de elite comuns às pessoas do Ocidente. A maioria dos internatos são escolas estatais com taxas baixas. Porém, para famílias pobres do Quênia, o investimento ainda é substancial. Os alunos estudam em prédios simples feitos de blocos de concreto. Esses prédios não têm ar-condicionado nem computadores para todos os estudantes. No entanto, os internatos oferecem aos alunos tempo para aprender e professores para ensiná-los. Minha mãe e sua família queriam que ela tivesse uma boa educação. Então, ela precisava viajar para ir à escola.

Os internatos quenianos não funcionam em abril, agosto e dezembro. Portanto, a minha mãe tinha que fazer a viagem seis vezes por ano e minha avó paterna passou a conhecê-la bem. Minha mãe ajudava minha avó a cozinhar e limpava o chão quando a família terminava de comer. Ela era respeitosa, curvava a cabeça para os mais velhos da maneira que jovens massai aprendem. Quando terminava de ajudar, ela lia seus livros. Ela seria a primeira de sua família a terminar os estudos.

— Venha nos visitar — disse minha avó ao meu pai — e conheça essa garota.

Obviamente, eu não estava lá para vê-los se conhecerem. Porém, perguntei a minha mãe sobre aquilo um dia quando eu tinha uns cinco anos e a "ajudava" a lavar roupa. Como Soila estava na escola, eu estava solitária e queria alguém com quem conversar.

— Certa manhã, sua avó me pediu para esperar um pouco antes de eu ir para a escola. Estava ficando tarde. Eu tinha um longo caminho a percorrer. "Mais um minuto, mais um minuto", ela não parava de dizer. Então, seu pai chegou e fiquei feliz por ter esperado. Ele era o homem mais bonito que eu já tinha visto.

Me agitei um pouco e desviei o olhar. Meu pai era bonito (todo mundo dizia aquilo), mas ninguém quer ouvir a própria mãe falar assim. E era difícil imaginá-lo como uma pessoa jovem. Não conseguia visualizar como era o mundo deles antes do meu nascimento. Eu não conseguia imaginar um mundo em que meus pais não se conhecessem.

— Então vocês se casaram? — perguntei.

Ela riu.

— Bem, não foi tão rápido assim. Acha que eu fugiria com um homem que mal conhecia? Eu parava na casa dos pais dele a cada ida e volta da escola. Parecia que depois daquele encontro, ele sempre estava lá.

— Então, você se casou com ele — falei.

— Depois de conversarmos muitas vezes. Ele era mais do que um rosto bonito. Ele era sério. Falava sobre como traria dinheiro para nosso povo. Queria garantir que as crianças fossem para a escola. Mudaria tudo. Mas ele não estava se gabando como jovens se gabam. Ele tinha planos. Ele ia transformá-los em realidade. Quando você o ouvia, sentia vontade de fazer a sua parte para que aqueles sonhos acontecessem.

Reconheci a descrição da minha mãe. Aquele jovem era meu pai.

— Mas talvez eu teria me casado com ele na mesma hora. Quando o conheci, sabia que era um homem que eu poderia amar — finalizou ela.

Perguntei ao meu pai sobre o momento em que se conheceram.

— Minha mãe não parava de falar sobre uma moça. Falava sobre como ela era séria. Como era atenciosa. Como era inteligente. Concordei em ir quando minha mãe começou a falar sobre como a moça era bonita. Mas ela estava certa. Alice é um anjo. Tive certeza disso no instante em que a vi.

O primeiro casamento do meu pai foi arranjado pelo seu pai. O segundo foi uma escolha do coração. Os pais da minha mãe insistiram para que ela continuasse na escola. Os pais dela eram abastados: seu pai tinha oito esposas e um enorme rebanho de gado. Eles queriam que seus filhos estudassem. Mas minha mãe sabia que seu futuro era ao lado de Paul Nailante.

Sempre imaginei que meu irmão mais velho, Kevin, fosse filho biológico do meu pai, embora ele tivesse nascido antes do casamento. Não havia motivo para pensar o contrário. O amor dos meus pais um pelo outro e pelos filhos era bem conhecido. Meu pai elogiava Kevin pelo cuidado que tinha com os animais e olhava com orgulho para os trabalhos escolares do meu irmão. Assim como fazia com seus outros filhos.

Recentemente, quando visitei minha terra, fiquei sabendo que minha mãe estivera grávida quando conheceu meu pai. Fazer sexo antes do casamento não é considerado vergonhoso na cultura massai, embora fazer sexo antes do corte seja. Às vezes, as meninas têm namorados e fazem sexo por desejo. Mas, com frequência, as meninas concordam em fazer sexo porque foram ensinadas a nunca dizer não aos homens. Ou uma menina vai desviar o olhar para baixo quando um homem se aproximar e não dizer nada, por timidez em falar com um homem que não é da sua família, e o homem vai entender aquele silêncio como um sim. Por vezes, as meninas são enviadas para morar com parentes distantes e sentem que não podem rejeitar os avanços dos mais velhos. As meninas simplesmente não têm voz ou poder para dizer não. O sexo antes do casamento e a gravidez de meninas jovens eram comuns no tempo da minha mãe e ainda são comuns hoje. No Quênia, 40% das meninas terá um filho antes de chegar aos vinte anos. Em algumas áreas do país, as taxas são ainda maiores.

Não sei por que minha mãe estava grávida quando conheceu meu pai. Tudo o que sei é que ela amava meu pai e queria dividir a vida com ele. Ela deu à luz antes do casamento.

Na véspera de um casamento tradicional massai, o noivo leva o dote, geralmente várias vacas, para a família da noiva. Então, na manhã seguinte, a garota sai de casa e vai até a casa do noivo. Há tradições, como cuspir leite na porta da menina, amarrar grama em seus sapatos ou dar um bebê para ela segurar quando chega à casa do homem. Tais detalhes podem diferenciar de uma comunidade para outra, mas todos os casamentos massai têm uma coisa em comum: a noiva chora.

A noiva perde sua família. Ela perde seu lar. Perde pessoas amigas. Ela vai se casar com um homem mais velho e, possivelmente, um estranho.

Minha mãe escolheu se casar com meu pai. Não a mandaram embora em troca de vacas. Nem sei se meu pai chegou a presentear o meu avô materno com um dote e, se tiver feito aquilo, desconheço o tamanho do dote. Mas, de qualquer forma, o casamento deles foi por amor, não uma transação financeira.

Quando quis saber sobre o casamento deles, perguntei a um dos companheiros de grupo etário do meu pai, seu amigo mais próximo.

Ele sorriu.

— Eram duas pessoas que se encaixavam. Foi um casamento feliz — respondeu ele.

Minha mãe e meu pai moravam distantes um do outro. Portanto, não era possível fazer uma procissão do casamento. Na manhã da cerimônia, a família da minha mãe pegou emprestado todos os carros e motos que podia e todos foram para a casa do meu pai.

Minha mãe vestia uma roupa nova, vermelha e azul brilhante, durante a cerimônia. Ela usava um colar de contas do tamanho e formato de um disco de vinil no pescoço e pulseiras do pulso ao cotovelo. As joias eram amarelas, vermelhas, azuis, brancas — acrescentando ainda mais cor.

— Sua mãe sempre foi linda — comentou minha tia Grace sobre o casamento —, mas naquele dia ela brilhou.

A família da minha mãe era cristã, mas escolheu um casamento tradicional massai. Como qualquer noiva massai, minha mãe foi abençoada com leite e amarraram palha em seus sapatos. O cheiro de carne cozinhando enchia o ar.

Uma coisa era completamente fora do tradicional: não houve lágrimas. Minha mãe foi até meu pai sorrindo de alegria.

Na cerimônia, minha mãe caminhou até a casa do meu pai com o filho dela nas costas. É uma tradição massai e mostra que o homem está aceitando não apenas a mulher, mas também a criança como sua. Meu pai amava minha mãe. Logo, ele amava os filhos dela também. O bebê Kevin se tornou seu filho naquele dia.

Uma esposa massai

Depois do casamento, os dias da minha mãe começavam como os dias da maioria das mulheres massai, antes do amanhecer. Ela acordava primeiro que o marido e os filhos para acender o fogo. Em seguida, fazia chá do jeito queniano: forte, com bastante açúcar e leite. Meu pai era generoso com o dinheiro da família (às vezes, generoso demais, segundo depois me disseram) e, muitas vezes, ficávamos sem açúcar para que outras famílias pudessem ter o suficiente para comer. Minha mãe se virava com o que tinha.

Depois que as crianças estavam acordadas, vestidas e alimentadas, ela ordenhava as vacas. Então, saía para buscar água. Ela andava quilômetros para chegar a um riacho limpo. Carregava a água (um barril de vinte litros na cabeça e um jarro de cinco litros em cada mão) e, às vezes, uma criança nas costas. Depois daquilo, reavivava o fogo e fervia água para preparar *ugali* ou mingau.

O resto do dia era composto por trabalho doméstico e limpeza de roupas. Ela conseguia manter sua linda blusa vermelha e saia azul, bem como todas as nossas roupas, limpas e imaculadas. Eu sempre conseguia sujar as roupas de novo logo em seguida.

Quando eu era pequena, Soila ajudava a lavar as roupas, mas assim que começou a frequentar a escola, foi a minha vez de trabalhar ao lado da minha mãe. Na época, ela tinha cerca de seis anos e eu, três ou quatro. Na primeira vez que ajudei, minha mãe falava enquanto trabalhava, me orientando.

— Primeiro, trazemos um pouco de água para ferver — explicou ela. — Vá e pegue mais alguns gravetos.

Corri para pegar mais lenha enquanto ela preparava o que precisávamos. No tempo em que fiquei fora, ela pegou duas tinas e as encheu com água morna.

— Agora, molhamos as roupas na primeira tina e esfregamos sabão na sujeira.

Muitas marcas de sabão queniano vêm em barras, não em pó ou na forma líquida. Essas barras são feitas para pessoas que lavam as roupas à mão.

— Agora tente — instruiu minha mãe, me entregando uma camisa e a barra de sabão. — Esfregue e esfregue. Esfregue com vontade.

Esfreguei sabão em barra no pano e depois esfreguei o pano contra uma pedra limpa até não ver mais mancha alguma. Minha mãe olhou por cima do meu ombro e balançou a cabeça.

— De novo — orientou ela.

Ela lavou três peças de roupa enquanto eu lavava minha pequena camisa. Meus dedos ficaram enrugados e minhas pequenas mãos doíam.

— Bom. — Ela assentiu por fim. — Agora enxague.

Coloquei a camisa na segunda tina de água e esfreguei e esfreguei um pouco mais.

Então torcemos as roupas e as espalhamos sobre alguns arbustos para secar ao sol. Percebi o quanto os panos ficavam pesados quando molhados.

Quando terminamos, minhas mãos estavam secas e cinzentas.

— Bom, Nice — disse minha mãe quando a camisa estava secando ao sol. — Agora vá brincar.

Saí correndo, mas minha mãe continuou lavando as roupas.

INTOCADAS

Ela espantava a poeira onipresente do clima seco do norte do Quênia borrifando água cuidadosamente sobre o chão de terra. Nossa casa era uma mistura de tradições massai e ocidentais. Era maior do que as casas tradicionais massai, que são usadas quase exclusivamente para dormir ou se abrigar das condições climáticas. Porém, as paredes eram feitas de barro e esterco, de modo que eram necessários reparos constantes para evitar que a casa desabasse. Ao contrário de uma casa tradicional, tinha janelas teladas para deixar entrar luz e ar, e uma porta sólida para impedir a entrada de moscas.

Quando meu pai recebia visitas, como fazia com frequência, minha mãe parava suas atividades para recebê-los com uma xícara de chá. Ter lenha para o fogo significava outra longa caminhada e mais uma carga pesada.

Quando ela se sentava, não era para descansar. Era para remendar nossas roupas ou criar peças com contas, tanto para nossa própria família quanto para vender. Usando um canudo afiado e seco, uma agulha ou um pedaço de arame (o que estivesse à mão), ela pegava as contas e as colocava cuidadosamente em um barbante e, depois de algumas contas, dava um nó. Ela continuava acrescentando contas e dando nós, lentamente moldando as contas em cordões e depois amarrando os cordões para formar colares e pulseiras. Os colares eram grandes e coloridos nas cores: vermelho, amarelo, laranja, azul, branco, verde; minha mãe adorava coisas vívidas. Quando ia a um casamento ou a uma celebração de nascimento usando um colar feito à mão, ela parecia uma rainha.

Quando vou a minha terra natal, vejo mulheres andando com enormes feixes de madeira amarrados às costas, tiras na cabeça para equilibrar o peso. Elas sorriem. Para as mulheres massai, essas caminhadas são a melhor parte do dia. As mulheres vão em grupos. É um momento para cantar. É um momento para contar as novidades, longe dos olhares atentos dos homens. É um momento para contar piadas, muitas vezes, sobre tais maridos. Às vezes, grupos de ajuda humanitária chegam às comunidades massai e constroem poços. Quando os trabalhadores voltam, não conseguem entender por que as mulheres ignoram os poços e caminham longas distâncias até os riachos. É porque, para muitas mulheres massai, caminhar é o único momento de partilha, amizade e, até mesmo, um vislumbre de liberdade. O casamento dos meus pais era bom. Então, minha mãe não precisava fugir do meu pai em suas caminhadas. Mas, mesmo assim, ela se importava com as amigas e gostava de fazer aquelas atividades em grupo.

No final do dia, ela tinha outra refeição para cozinhar. Ela esquentava leite, o meu favorito, ou fazia uma sopa com um pouco de carne e algumas verduras. Os homens massai passam os dias caminhando, cuidando dos animais e conversando uns com os outros, e esperam que a comida esteja pronta quando voltam para casa. Eles querem que suas esposas estejam em casa esperando, respondendo aos chamados deles quando entram no terreno. Minha mãe era uma boa esposa e me lembro de ela sorrir carinhosamente quando meu pai se sentava para comer. Embora fizesse o trabalho com orgulho e amor, deve ter sido exaustivo, principalmente com quatro crianças pequenas.

Uma boa filha massai ajuda a mãe nas tarefas. Soila era uma ótima filha e eu queria ser igual. Assim que Soila começou a estudar, tentei substituí-la. Mas minha mãe estava sempre me chamando.

— Nice, onde você está?

Eu demorava o dobro do tempo que outra criança levava para lavar a louça. Os pratos ficavam de molho enquanto a água esfriava e eu olhava para o nada, perdida em meus próprios pensamentos, em vez de esfregar. O trabalho doméstico não me interessava. Então, para mim, era fácil perder o foco e me esquecer do que estava fazendo. Soila diz que se eu tivesse uma moeda no bolso, daria aquele dinheiro para outra pessoa fazer o trabalho por mim. Ela está certa. Ainda odeio lavar a louça.

Não consigo me lembrar da minha mãe reclamando de nada. Ela tinha orgulho de sua casa. Ela se orgulhava de seus filhos, que eram bem arrumados e sempre frequentavam a escola. Sim, às vezes eu me perdia no meu próprio mundo, mas também era obediente e respeitosa; minha mãe não teria tolerado um comportamento diferente daquele. Ela adorava a Deus e fazia questão de que fôssemos à igreja. Rezávamos e cantávamos hinos à noite. Ela tinha orgulho do marido e queria ser uma boa esposa para ele. Ela fazia o possível para ajudar com os outros filhos dele. Ela podia ser severa conosco, mas apenas quando tinha que ser.

Mesmo com todo o trabalho, minha mãe encontrava tempo para apoiar outras mulheres. Um dia, quando fui buscar água com ela e as outras mulheres, ela perguntou às amigas se já tinham ouvido falar de um *chama*.

— Uma poupança — respondeu uma delas.

— Sim — confirmou a minha mãe. — Cada uma de nós põe algum dinheiro e o juntamos. Uma de nós leva para casa. Na reunião seguinte, outra leva o dinheiro. No final, todas nós compartilhamos.

— Quem tem dinheiro extra? — perguntou outra amiga.

— Ninguém precisa dar muito. Só alguns centavos. Mas quando juntamos, o valor é bom.

Nas semanas seguintes, minha mãe continuou falando sobre aquilo.

— Quando tento economizar — disse minha mãe —, alguma coisa acontece. Precisamos de açúcar. Preciso de linha. E nunca consigo economizar nada. Quando nos ajudarmos, será muito mais fácil.

— Se concordarmos, você vai parar de falar sobre isso? — perguntou por fim uma de suas amigas.

Minha mãe riu.

— Talvez, mas não prometo nada.

No primeiro *chama*, servi chá enquanto as mulheres conversavam. A reunião não foi longa (elas tinham tarefas a concluir), mas tiraram um tempinho para fazer uma visita e aproveitar a companhia umas das outras. No final da reunião, as mulheres colocaram as moedas na mesa. Para mim, parecia uma fortuna, o suficiente para comprar todos os doces de Nairóbi. Na realidade, provavelmente, as moedas totalizavam algumas poucas libras esterlinas. Mas foi o suficiente para que uma das mulheres comprasse uma panela nova, um jogo de chá ou contas suficientes para fazer joias para vender.

De certa forma, os *chamas* simbolizavam como meus pais viam o mundo. Eles queriam que a vida do povo massai melhorasse, mas não queriam abrir mão do que era especial em nossa cultura. Sempre compartilhamos, sempre trabalhamos juntos em vez de competir uns contra os outros. E o *chama* é uma forma de compartilhar a prosperidade. Todos se sacrificam um pouco pelo próximo e, no final das contas, todos evoluem juntos.

Minha mãe também adotou novas formas de ganhar dinheiro, mesmo que aquilo significasse muito mais trabalho para ela. As pessoas massai amam carne e leite; tradicionalmente, não caçávamos nem cultivávamos. Minha mãe foi a primeira agricultora da nossa família e, provavelmente, a primeira em muitas cidades. Ela percebeu que, com um riacho próximo, poderia cultivar alimentos. Ela conduzia um cano do riacho até uma pequena cisterna forrada com náilon, de modo que sempre havia água para suas colheitas.

Quando o jardim ficou pronto, ela plantou suas primeiras sementes. Depois que as plantas cresceram, ajudei na capina (embora admita ter arrancado as mudas acidentalmente uma ou duas vezes). Ela cultivava tomates, cebolas e verduras. O Buffalo Lodge, um resort turístico de luxo, comprava alguns de seus produtos para alimentar os seus hóspedes. Ela carregava alguns produtos nas costas para o centro de Kimana e vendia em um quiosque no mercado. Alguns dos alimentos nós comíamos; a minha mãe estava disposta a romper com a tradição de vez em quando e experimentar coisas novas. A comida dela era deliciosa e aprendi a amar vegetais comendo sua salada de tomate e as verduras cozidas.

Embora meus pais tenham ajudado a mudar a cultura massai, o casamento deles era tradicional. Meu pai era o líder, um líder respeitoso e amoroso, mas agia como o homem no comando. Minha mãe era a cuidadora, mas a escolha fora dela. Ela escolheu viver o papel de uma esposa tradicional.

Se o casamento deles não tivesse sido baseado no amor, a vida teria sido muito mais difícil para a minha mãe. Seu trabalho duro podia facilmente ter passado despercebido por um marido ingrato. Ela podia ter sido espancada. Espera-se que os homens massai mantenham suas esposas na linha e espancamentos eram comuns e até esperados. Talvez ela não tivesse sido feliz em suas escolhas. Por sorte, o casamento deles era bom. E eu conheci a segurança e o amor de ser criada por pais que se importavam um com o outro.

Conto do rebanho das mulheres

Houve uma época em que mulheres e homens viviam separados. Os homens criavam vacas, ovelhas e cabras exatamente como fazem hoje.

A vida das mulheres também era fácil. Elas não precisavam cozinhar panelas de ugali, o prato de fubá que todo queniano come, como fazem agora; conseguiam comida e leite de seus rebanhos de gazelas. Não precisavam caminhar quilômetros para conseguir água nem procurar lenha; as zebras transportavam tudo o que precisavam. Não precisavam se proteger ou limpar as casas e os currais de animais; os elefantes ficavam de guarda à noite e varriam a sujeira com suas trombas gigantes pela manhã.

Homens e mulheres eram felizes em suas próprias vidas e nenhum deles tinha muito trabalho a fazer.

Então um dia, uma mulher notou que seu filho recebera uma fatia muito pequena de fígado de gazela no jantar.

— Meus filhos não receberam a quantidade justa — reclamou ela com a vizinha. — Você precisa nos dar mais.

— Não reclamei quando sua filha bebeu o resto do leite — respondeu a vizinha. — Seu filho não precisa de mais nada.

Logo, as duas mulheres estavam brigando e o resto delas tomou partido. Todas se lembraram de uma atitude desrespeitosa de uma vizinha, uma falha antiga que não tinha sido perdoada. Todo mundo se lembrava de alguém recebendo um pouco mais do que elas — e se esqueceram das vezes que tinham pego mais do que sua parte justa. Elas brigaram dia e noite. Parecia que todas achavam que sua vizinha era culpada de alguma coisa. Ninguém se desculpava pelos erros que havia cometido.

Como todas as mulheres estavam brigando, ninguém estava vigiando os animais.

— Estou cansada de dar o leite do meu bebê para essas mulheres gananciosas. E por que deveríamos ser mortas para que elas tenham carne? — questionaram-se as gazelas e logo se afastaram.

— Por que devemos transportar água e gravetos para elas quando podíamos estar engordando ao comer grama? — queixaram-se as zebras e logo se afastaram.

— Por que devemos ficar de guarda para as mulheres que não cuidam de si mesmas? — ponderaram os elefantes. — Estamos cansados de limpar a bagunça delas. — Os elefantes também foram embora.

Por fim, quando as mulheres pararam de focar apenas em suas brigas, os animais haviam sumido. Elas correram atrás de seus rebanhos. As gazelas e as zebras eram rápidas demais para as mulheres. Os elefantes ignoraram os chamados das mulheres.

— Sem nossos animais, vamos morrer de fome. O que faremos? — pensaram as mulheres.

Com a barriga vazia e os filhos chorando, as mulheres foram pedir ajuda aos homens. Mas os homens estiveram observando o comportamento tolo delas.

— Não se pode confiar em vocês para cuidar do rebanho — disseram os homens. — Vocês gritavam e brigavam enquanto todos os seus animais fugiam.

— Sentimos muito — disseram as mulheres. — Precisamos da ajuda de vocês. Faremos o que disserem.

Os homens se sentaram debaixo de uma árvore e debateram durante horas. Finalmente, eles concordaram em ajudar, mas apenas se elas seguissem suas regras.

— De agora em diante, vocês vão ouvir os homens. Vocês vão construir as casas. Buscar a madeira e a água. Cuidar das crianças. Em troca, cuidaremos dos animais e vocês terão o suficiente para comer.

As mulheres concordaram. Trabalhavam do amanhecer ao anoitecer e os homens cuidavam dos animais. O trabalho foi feito e as pessoas comeram. Seus filhos fizeram o mesmo e é assim que as coisas são até hoje.

A escola

Eu vinha observando Soila ir para a escola havia três anos e havia três anos que eu implorava a ela para que me ensinasse o que sabia. Finalmente, pouco antes de eu completar seis anos, eu estava pronta para frequentar o ensino infantil (o que é conhecido como jardim de infância). Senti-me muito madura.

No primeiro dia de aula, minha mãe separou meu uniforme e me disse para ir tomar banho. Quando voltei, ela inspecionou minhas unhas e atrás das minhas orelhas e me disse para tomar banho novamente. Ninguém diria que ela mandava os filhos sujos para a escola.

O uniforme era de segunda mão, o antigo de Soila: um vestido simples com gola larga. O pano era um pouco fino, mas muito limpo graças ao esmero da minha mãe.

Nosso vizinho Buya gritou do lado de fora:

— A estudante está pronta para o primeiro dia?

Não é incomum que as crianças massai caminhem vários quilômetros para chegar à escola. Como Soila havia começado a frequentar uma escola para crianças mais velhas, Buya, um menino um ano mais velho e um palmo mais alto do que eu, garantiria que eu chegasse lá em segurança.

No caminho para a escola, ele balançou a cabeça.

— Uma pena ter uma professora como aquela — lamentou ele.

— A minha professora?

— Ela bate muito nos alunos. No ano passado, ela quebrou as pernas de uma menina.

Parei de andar e engoli em seco.

— É mesmo?

Ele confirmou.

— É melhor você se cuidar.

Não falei muito no resto do percurso, então Buya falou sobre si mesmo. Fiquei sabendo que ele teria mil vacas e uma dúzia de esposas. Teria tantos filhos que poderiam formar um exército. Ele teria um carro e uma televisão. Poderia até se tornar presidente do Quênia, mas só se tivesse tempo.

Quando vi a escola, parei de andar. Pensei naquela garota com as pernas quebradas.

— Nice, você vem? — perguntou Buya quando percebeu que eu não arredava o pé do lugar.

— Estou com medo — sussurrei.

Buya riu.

— Nice, eu estava brincando. Sua professora é ótima. Você tem que fazer algo muito ruim para apanhar. Você vai ficar bem.

Hesitei.

Buya voltou e se inclinou sobre mim.

— Nice — disse ele —, eu não queria te assustar. Você vai adorar a escola.

Buya estava certo sobre aquela última parte. Não consigo me lembrar do nome da minha professora ou de onde ela viera. Nem me lembro de como ela era ou de suas roupas. Mas me lembro de como ela sorria para cada criança e de alguma forma sabia o nome de todos.

Naquele primeiro dia, minha professora escreveu as primeiras letras do alfabeto no quadro.

— Alguém gostaria de tentar? — perguntou ela e rapidamente levantei a mão.

Imitei as letras dela perfeitamente. Soila tinha me ensinado bem.

— Muito bem, Nice — elogiou ela. — Você escreve de um jeito lindo.

Olhei para baixo para esconder meu enorme sorriso.

Minha professora parecia um milagre. Ela falava nossa língua nativa *maa* e suaíli. Além disso, também sabia um pouco de inglês. Ela sabia contar, cores, geografia e até conhecia mais músicas do que minha mãe. Eu me apaixonei um pouco por ela. Nos meus devaneios mais impossíveis, imaginava que um dia poderia ser professora.

Depois que nossas aulas terminaram, Buya me encontrou na porta da sala de aula.

— Ela quebrou algum osso? — perguntou ele, rindo.

Revirei os olhos. Eu tinha aprendido não apenas minhas lições naquele dia: também aprendi que não deveria levar Buya muito a sério.

A escola deu a cada aluno um grande prato de feijão e pão para levar para casa para o almoço. Tínhamos que atravessar um rio. Lembro de uma torrente enorme e impetuosa, embora, provavelmente, fosse apenas um pequeno córrego.

— Estou com medo — falei para Buya.

— Me dê suas coisas e vou carregar pro outro lado, depois volto para te buscar.

Ele atravessou com as nossas coisas, mas não teve pressa nenhuma em me buscar.

— Hum — murmurou ele, erguendo nossos pratos próximo ao rosto. — O cheiro é bom.

— Vem me buscar! — gritei.

— Acho que vou fazer uma pequena pausa aqui — respondeu ele.

Ele se sentou e comeu seu almoço.

— Ainda estou com fome — disse ele e começou a comer minha comida também.

Bati os pés e chorei enquanto ele ria e comia. Por fim, ele voltou para me buscar, mas eu estava com fome.

No dia seguinte, ele novamente me disse para lhe dar as minhas coisas.

— Você vai comer o meu almoço! — reclamei.

— Se você preferir, posso simplesmente te deixar aqui.

Eu queria o meu almoço, mas queria ainda mais voltar para casa. Sentei no chão e chorei. Por fim, ele me levou de volta.

Ele continuou aprontando aquele tipo de coisa por semanas.

Se eu tentasse pegar alguns pedaços da minha comida enquanto caminhávamos, não conseguia acompanhar o ritmo dele.

Se eu pedisse para ele parar próximo ao rio para comermos juntos, ele falava:

— Não, Nice, vamos atravessar primeiro. Não vou comer sua comida desta vez.

Eu entregava as minhas coisas para ele carregar, embora não confiasse nele.

— Eu quis dizer — dizia ele enquanto se sentava, rindo e almoçando do outro lado do rio —, talvez eu não coma da próxima vez.

O que fosse que eu tentasse, no final eu estava chorando na terra e ele se empanturrando com dois almoços.

Até que um dia minha avó, mãe do meu pai, passou e me viu chorando.

— O que aconteceu? — perguntou ela.

Quando contei a história, ela atravessou o rio. Seus punhos cerrados e sua mandíbula tensionada.

— Você acha que é um homem? Roubando de uma garotinha?

Buya abaixou a cabeça para minha avó.

INTOCADAS

— Sinto muito mesmo. Eu estava brincando. Não farei isso novamente.

— Se curve — ordenou a minha avó.

Buya se virou e não disse nada. Ela não bateu nele com força, apenas o suficiente para envergonhá-lo. Contudo, mais tarde naquela noite, meu pai e o pai de Buya conversaram em nossa casa por mais de uma hora. No início, o pai de Buya estava gritando. Finalmente, os dois se acalmaram. Porém, quando o pai de Buya saiu, ele não estava sorrindo. Não liguei para a briga porque Buya nunca mais comeu meu almoço.

Hoje, ele é um homem responsável que tem duas esposas, dez filhos e muito gado. E, ao longo dos anos, nos tornamos amigos, mas ele ainda não se desculpou por ter roubado a minha comida.

É comum que os pais massai esperem que os filhos trabalhem, o que pode significar pastorear gado, cuidar dos irmãos mais novos ou buscar lenha e água. As atividades escolares são tratadas como uma distração de tarefas mais importantes. Na minha família não era assim. Tínhamos que ajudar a lavar a louça e a varrer, mas a escola era o nosso trabalho mais importante.

Soila estava alguns anos à minha frente. Então, no início, ela conseguia me ajudar com as minhas tarefas escolares. Contudo, rapidamente adquiri conhecimentos além dos dela. Meus pais não precisavam insistir para que eu tirasse boas notas, principalmente em leitura (com relação à matemática, a coisa era um pouco diferente). Assim que aprendi a ler, passei a pegar emprestado qualquer livro que encontrasse. Não havia biblioteca, mas ainda havia alguns livros por ali e meus professores e nossos vizinhos tinham alguns. Fiquei decepcionada por não haver uma seleção maior de livros, mas estava grata por ter acesso aos poucos volumes que conseguia encontrar. Sempre adorei histórias, mas antes eram as que eu ouvia antes de dormir ou aquelas cantadas por mulheres enquanto trabalhavam. A partir daquele momento, poderia ter acesso a uma história a qualquer hora, até mesmo, para desespero da minha mãe e da Soila, quando eu devia estar fazendo tarefas domésticas.

Um dia, depois da escola, me sentei lendo, como sempre, à sombra de uma árvore. Soila estava por perto, conversando com um grupo de meninas mais velhas.

Quatro meninos se aproximaram e me rodearam em um semicírculo.

— O que está lendo?

Mostrei a capa do livro a eles e voltei à minha leitura. Os meninos continuaram em pé ao meu redor. Eu os ignorei e continuei lendo.

— Convencida demais para dizer o que é?

— Quê? Não. É só um livro.

— Acha que é mais inteligente que a gente? Só porque gosta de livros?

Um menino se agachou ao meu lado, seu rosto perto do meu. O hálito dele era quente e ele tinha bafo, como se precisasse escovar os dentes.

— Talvez tenha esquecido que não passa de uma menina estúpida.

Levantei-me. Ele também se levantou. Olhei ao redor, mas parecia que ninguém estava olhando em nossa direção. Os amigos dele se aproximaram.

Porém, antes que alguém encostasse a mão em mim, Soila apareceu. Ela ficou perto do menino que era o líder.

— Me encontre mais tarde — comunicou ela. Ela foi embora sem esperar resposta.

— Ah, a Nice sabe que estávamos só brincando — respondeu o menino, rindo. — Ninguém ia te machucar, não é, Nice? — Percebi que ele estava olhando para Soila enquanto falava.

Eles não me incomodaram de novo.

Soila nunca dava a impressão de estar me observando, mas, quando os problemas surgiam, ela estava lá. Eu sabia que estava segura. À noite, dormíamos lado a lado. O som da respiração da Soila ao meu lado era o som do meu lar.

Felizmente, eu não precisava da ajuda da minha avó ou da Soila com frequência e, rapidamente, me adaptei à escola. Fiz amizade com a maioria dos meus colegas. Sempre amei as pessoas e a escola significava ter amigos por perto o tempo todo.

As coisas deveriam parecer perfeitas. Eu era feliz. Mas havia um pouco de dúvida e dor crescendo dentro de mim a cada dia. Começara na manhã em que minha mãe me levara para ver meu primeiro corte. A cada dia na escola, aquela dúvida se tornava mais forte.

Muitas das meninas com quem cresci frequentavam a escola comigo. Uma a uma, as suas irmãs mais velhas começaram a desaparecer. Quando passavam pelo corte, as meninas poderiam voltar para a escola por algumas semanas, mas, um dia, elas paravam de ir. Ao término do ensino fundamental, quando as crianças têm cerca de catorze anos, não havia mais nenhuma menina massai. Além das minhas professoras, eu não conhecia nenhuma mulher que tivesse cursado o ensino médio.

Eu sabia que o que estava acontecendo com as irmãs mais velhas aconteceria comigo e com as minhas colegas. Eu era uma boa aluna. Atividades de leitura e escrita eram algo de que eu gostava. Eu deveria simplesmente desistir daquilo? Pensei em todas as vezes em que meus pais me disseram que a educação era o futuro do povo massai. Se era verdade, qual era o sentido de passar pelo corte? Se a escola era tão importante, como algo que acabava com a vida escolar de alguém poderia ser bom?

Eu ainda era uma criança e as crianças partem do pressuposto de que os seus pais estão tomando as decisões certas. À medida que uma criança cresce, ela começa a questionar, porém, e a escola estava me fazendo começar a questionar mais cedo. Era um questionamento doloroso.

Naquela época eu pensava, e ainda penso, que eu tinha dois dos melhores pais que uma criança poderia desejar. Porém, comecei a considerar que talvez eles não fossem perfeitos em todos os sentidos. Talvez o corte não fosse a melhor coisa para mim. Talvez houvesse outro caminho.

A vida de meninos massai

Nas férias escolares, eu era a sombra do meu pai. Quando eu tinha seis ou sete anos, mal conseguia acompanhar seus passos largos. Eu não ficava atrás dele para conseguir moedas para comprar o doce que eu amava ou, pelo menos, aquele não era o único motivo. Eu o seguia porque adorava observar o jeito que ele falava com as pessoas e adorava o jeito que olhavam para ele. Todos paravam o que estavam fazendo e o cumprimentavam. Eu queria ser igual a ele. Se Soila era da minha mãe, eu era do meu pai.

Melhor ainda, quando ele não estava se encontrando com as pessoas, ele arranjava tempo para mim. Nas nossas caminhadas, aprendi quem ele era e a maneira como pensava. Os homens massai não costumam passar tempo com crianças pequenas, nem mesmo com os próprios filhos. O cuidado com as crianças é considerado trabalho exclusivamente feminino. Eu me sentia especial porque meu pai não me colocava para correr; ele parecia realmente querer estar comigo.

Muito do que me tornei vem do meu pai. Se eu era uma sombra dele quando pequena, ainda sou uma sombra dele hoje. Meu trabalho é diferente nos detalhes, mas gosto de pensar nele como uma continuação do que meu pai começou.

— Por que não terminou os estudos? — perguntei a ele um dia.
Ele suspirou.
— Eu queria, mas não tínhamos dinheiro.
— Você era empobrecido?
— As coisas não eram fáceis para o meu pai. Às vezes, eu não tinha o que comer. Você conhece meu amigo Risie?
Conhecia sim. Ele era um companheiro de grupo etário do meu pai e ia a nossa casa com frequência.
— Em muitos dias, a única refeição que eu fazia era na casa dele.
— Eles eram ricos?
— A família do Risie? — Ele riu. — Não, Nice, de jeito nenhum. Mas a mãe dele fazia *ugali* extra para a refeição render um pouco mais.
Recentemente, quando visitei a minha terra, encontrei com Risie e perguntei sobre a infância dele e do meu pai.
— Seu avô era curandeiro — contou ele. — Ele cuidava das pessoas.
— Como meu pai — respondi.
— Ah, sim. Ele encontrava as ervas certas para quem estava doente. Se alguém brigasse com um vizinho ou perdesse uma vaca, ele jogava pedras para ajudar a encontrar uma solução para os problemas da pessoa.
— Um médico tradicional — concluí. — Provavelmente, ele tinha conhecimento sobre todas as plantas.
— Sim, ele tinha e sabia muito mais. Ele agia como um psicólogo. Um mediador também. Talvez um pouco como um médium. Ele fazia um bom trabalho. Ajudava as pessoas. Porém as pessoas não tinham como pagar muito a ele.
Se ele tivesse feito o mesmo trabalho que um médico de cidade grande, pensei, poderia ter ficado rico.

INTOCADAS

— Na maior parte do tempo, seu pai não tinha o que calçar — comentou o Risie. — Os pés dele eram duros como um pneu de borracha. Nunca pensei que ele cresceria para se tornar um homem importante.

Não fiquei surpresa pelo meu pai ter passado fome. Para muitas pessoas massai, tanto no passado quanto hoje, a pobreza é um estilo de vida. Porém, nem sempre as coisas foram assim. Durante séculos, o povo massai era a realeza do Grande Vale do Rift. Criávamos gado. Os homens se tornavam *morans*, guerreiros que protegiam o nosso povo e os nossos animais, antes de se tornarem pais e anciãos. Eles eram altos e bonitos. As mulheres eram fortes, construindo suas casas com as próprias mãos e cuidando das suas famílias. Nossa comunidade era saudável e estávamos ligados por nossas tradições: por meio das roupas, da comida, da música e, para as meninas, do corte.

Depois, chegou o colonialismo, as doenças e a seca. No século XIX, perdemos grande parte do nosso território. Nairóbi se tornou a capital do Quênia moderno. "Nairóbi" é a palavra massai para água fria, mas não é a nossa cidade. Somos uma das 42 etnias oficialmente reconhecidas pelo governo queniano. Os kikuyus são o maior grupo e, frequentemente, dominam o governo. O povo massai tem poucas vozes falando em seu nome. Com menos terra, tivemos que nos estabelecer em áreas fixas em vez de pastorear. Começamos a comer milho e arroz em vez de carne e leite. Começamos a viver em cidades empoeiradas em vez de vilarejos tranquilos. Proprietários de ranchos e operadores turísticos enriqueceram com a terra e os animais que um dia foram o nosso sustento. Em paralelo, o povo massai ficava empobrecido.

Um turista que visita o Quênia hoje pode ver homens parados na beira da estrada, usando roupas tradicionais massai e fazendo negócios para lojas de souvenirs e empresas de turismo. É um trabalho honesto e muitos deles são bons profissionais. No entanto, também me entristece ver descendentes de homens que vagavam pelo Quênia, guerreiros fortes que controlavam centenas de quilômetros quadrados de terra, parados à beira da estrada para vender bugigangas.

Mas esse fato não me deixa apenas triste; serve também para fortalecer a minha determinação. Meus pais acreditavam que a educação poderia tirar o povo massai da pobreza. Eu também acredito.

Parques

Um dia, enquanto meu pai e eu caminhávamos, eu contava a ele sobre uma história que a nossa professora havia lido para nós na escola quando de repente parei. Pensei em todas as oportunidades de estudo que meu pai havia perdido. *Quando ele abandonou a escola*, me perguntei, *será que ele chorou por dias a fio? Ele tinha que desviar o olhar quando via outras crianças vestindo seus uniformes?*

— Lamento que não tenha conseguido terminar os estudos, pai — falei. Eu sabia o quanto ele estava orgulhoso de ver seus filhos estudando e como ele queria que cada um de nós se formasse.

— Não precisa disso — respondeu ele. — Provavelmente eu teria abandonado os estudos de qualquer maneira.

Não consegui pensar em nada para dizer. O que meu pai falou não fazia sentido. Por que alguém abandonaria a escola se tivesse a escolha de ficar?

— Eu via os turistas dirigindo em direção às reservas de caça — disse ele. — Mãos macias, roupas bonitas. E as pessoas que os conduziam pareciam quase tão sadias e felizes. Você nunca vê uma pessoa massai dirigindo essas vans.

— Você queria dirigir a van? — perguntei.

Eu sabia que o primeiro trabalho do meu pai tinha sido no *Kenya Wildlife Service* (kws) como guarda-florestal.

— Não, Nice, não queria isso. O que eu queria era que as coisas mudassem.

— Você queria que as pessoas ricas fossem embora?

— De jeito nenhum. Queria que as pessoas massai tivessem um pouco do que aquelas pessoas tinham. E acho que queria que as pessoas massai fossem as que dirigiam as vans. Esta é a nossa terra. Por que tínhamos que sofrer para sobreviver enquanto as pessoas chegavam e enriqueciam com a nossa terra? O jeito como as coisas funcionavam parecia tão injusto.

Muita gente concordava com meu pai. O povo massai e o *Kenya Wildlife Services* nem sempre tiveram um relacionamento fácil. Muitas pessoas massai querem pastorear seu gado em terras que historicamente lhes pertencem. Quando os britânicos estabeleceram as reservas Amboseli e Massai Mara durante o domínio colonial, eles não consultaram os habitantes da região. Para os britânicos, o nosso povo e o nosso gado eram estorvos em meio à vida selvagem. O fato de que os nossos animais domesticados tivessem pastado ao lado de animais selvagens por séculos e que soubéssemos manejar a terra e mantê-la saudável não importava para eles.

Algumas pessoas massai se rebelaram, derrubando cercas para que seu gado pudesse pastar. Às vezes, até matavam leões. Recentemente, estava conversando com um parente mais velho e ele me disse que, em sua juventude, envenenara leões durante uma briga com o kws. Ele não tinha orgulho de ter matado os animais. Contudo, tinha orgulho de ter tomado uma atitude. Geralmente, as pessoas massai não matam animais selvagens; respeitamos os animais e convivemos com eles. Ao contrário de outros grupos étnicos que viviam perto de nós, o povo massai não caçava para se alimentar. Mas aquele homem e muitos outros se ressentiam de serem tratados como menos importantes do que os animais.

Na época do meu pai, os parques estavam nas mãos dos quenianos e houve até uma discussão sobre criar um grande parque perto da nossa casa, Amboseli, sob a gestão das pessoas massai. Mas as antigas mágoas se intensificaram. Os parques beneficiaram os estrangeiros ricos e o povo massai ficou de fora, sem receber nada, contemplando as pastagens abundantes que haviam sido roubadas de nós. Ainda hoje, na reserva Massai Mara, existe uma "prisão de animais" onde o gado capturado pastando no parque é mantido e as pessoas massai não podem pegar os animais de volta até que paguem uma multa. Os guardas-florestais impõem regras; as pessoas massai encontram maneiras para burlá-las. De maneira geral, há paz, mas também muita reclamação e ressentimento.

— Me inscrevi no kws — contou o meu pai naquele dia enquanto caminhávamos.

— Para que você pudesse cuidar de mim — respondi.

Não éramos ricos. Mas sempre tive o que calçar. Não precisei pedir para a mãe de um amigo me alimentar. Em algumas noites, tínhamos apenas uma tigela de mingau ou *ugali*, mas as nossas barrigas estavam cheias.

— Você sabe que ainda não tinha nascido naquela época, certo?

— Eu sei — confirmei, olhando para baixo e mordendo o lábio.

Quando você é criança, é difícil se lembrar de que você nem sempre foi o centro do universo dos seus pais.

— Eu queria cuidar dos meus filhos — disse ele de um jeito suave.

— Você está certa em relação a isso. Mas essa não é a razão principal pela qual me candidatei. Parecia que os parques não eram nossos. Como se tivéssemos sido expulsos. Queria que as coisas fossem diferentes. Eu queria ser escutado.

Às vezes, ocidentais e quenianos de Nairóbi que trabalhavam para os parques convocavam reuniões com líderes locais e comunicavam as ordens sobre manter o gado fora de áreas protegidas, redirecionar a água e reconstruir terras erodidas. Cientistas ministravam palestras sobre o equilíbrio do ecossistema para pessoas que controlaram aquele ecossistema muito bem por séculos. Eles não entendiam por que as pessoas massai ignoravam suas ordens ou, muitas vezes, não compareciam às reuniões.

Meu pai participou de uma daquelas reuniões logo depois de começar a trabalhar no KWS.

— Tinha uma cientista — contou ele durante a nossa caminhada — que deu nome a todos os elefantes do parque. Sabia quem eram seus pais, avós; sabia onde gostavam de pastar e seus poços de água favoritos. Pedi a ela que citasse o nome de cinco anciãos que participaram da reunião. Ela não conseguiu citar nenhum. — Meu pai balançou a cabeça. — E ainda assim ela se perguntava por que as pessoas não a ouviam.

Ele começou a fazer perguntas aos colegas: Quem são aqueles que concordam em se encontrar conosco? Quem escolhe ficar em casa? Como eles estão se comportando na reunião? Como nós estamos agindo? A nossa abordagem está funcionando?

— Sabe, Nice — continuou ele —, quando você faz perguntas às pessoas, nem sempre se trata de encontrar as respostas. Às vezes, trata-se de fazer com que as pessoas reflitam.

Ele os questionou até perceberem que o seu relacionamento com o povo massai não era produtivo. Só então estavam prontos para que meu pai explicasse a nossa cultura.

— Quando vocês convocam reuniões breves e ditam soluções, as pessoas massai não ouvem — explicou meu pai aos colegas. — Não é assim que falamos um com o outro. Convide as pessoas para entrarem, ofereçam comida e chá e descubram o que elas pensam. As pessoas massai nunca convidam alguém para algum lugar sem oferecer algo para comer e beber. O povo massai chega às soluções em grupo. — E meu pai seguiu questionando: — Como esperam que as pessoas apoiem regras sobre as quais não têm voz? Como esperam que cooperem se vocês não respeitam as tradições deles? Parece que conhecem as personalidades dos animais muito melhor do que as das pessoas da região. Vocês as tratam como estorvos. Se as pessoas massai não forem respeitadas, não vão ficar do seu lado.

Não era assim que as pessoas da cidade estavam acostumadas a negociar. Queriam que as reuniões fossem rápidas. As pessoas massai estavam acostumadas a ouvir todas as vozes (ao menos, todas as vozes masculinas). Qualquer decisão exigia uma longa discussão. Cada pessoa daria um pouco e receberia um pouco em troca. Chegar a uma decisão pode levar mais tempo. Porém, uma vez tomada, as pessoas tendem a acatá-la. Era provável que houvesse paz.

Meu pai não estava apenas fazendo perguntas ao kws. Ele conversava com as pessoas massai também.

— O que precisamos conseguir com os parques? O que precisamos fazer para conseguir o que queremos? Como as pessoas que trabalham nos parques tratam umas às outras quando não estamos lá? Como as pessoas da cidade pensam? Como costumam agir?

Os anciãos perceberam que as pessoas que trabalhavam nos parques não queriam ser desrespeitosas quando apressavam as reuniões e não ofereciam nada para comer. Era apenas o comportamento que tinham com todas as coisas. Alguns dos anciãos foram a Nairóbi. Eles tinham visto como as pessoas passavam umas pelas outras nas ruas sem sequer fazer contato visual. Eles sabiam como os balconistas gritavam "próximo!" em vez de conversarem. Se o comportamento das pessoas que trabalhavam nos parques era grosseiro, não era pessoal. Tudo o que os anciãos precisavam fazer era observar a maneira como as pessoas em Nairóbi tratavam umas às outras.

As pessoas massai aprenderam a se doar também, ignorando as reuniões breves e ordens gritadas.

— Demorou um tanto — explicou meu pai —, mas o KWS mudou um pouco. Ouviram mais, falaram menos. E os nossos anciãos aprenderam a ser um pouco mais compreensivos.

Assim que notaram que meu pai sabia como convencer as pessoas, cientistas e funcionários do governo confiaram nele para ajudá-los com o trabalho. Na época, achei que meu pai fosse um herói que mudou tudo nos parques. Ainda acho que ele é um herói, mas agora sei que ele foi um dos muitos quenianos que reformularam a forma como o KWS funcionava. Com a sua ajuda, os parques se tornaram um pouco mais amigáveis às pessoas massai e o povo massai começou a nutrir menos ressentimento em relação aos parques. Os parques ainda eram uma fonte de tensão, mas as pessoas massai começaram a ver os benefícios também. Elas poderiam ser guias, vender artesanato nas entradas dos parques e até administrar pequenos hotéis nas proximidades. Cientistas descobriram que, como os elefantes, os humanos da região tinham nomes. Meu pai não iniciou uma revolução, mas fez a sua parte.

Ouvir o meu pai me ensinou a estimular mudanças. Quando trabalho, nunca vou a uma cidade gritando ordens. Escuto. Aprendo. Faço perguntas não apenas para desenvolver melhor um plano de ação, mas também para que as próprias pessoas possam analisar a maneira como vivem. Às vezes, uma pessoa desconhecida perguntando por que você faz algo de um determinado jeito é uma oportunidade de perceber que você precisa fazer as coisas de uma forma diferente.

Liderança

Na época em que seguia meu pai por aí, ele já não trabalhava mais para o KWS. Ele era político.

— Por que você saiu? — perguntei a ele um dia.

— Conquistei um pouco mais de respeito para nosso povo. Era tudo o que eu poderia ter feito naquele trabalho.

Sorri.

— Todo mundo respeita o meu pai.

— Nem todo mundo — corrigiu ele —, mas você é uma boa menina por pensar assim. — Ele me deu um tapinha na cabeça. — Saí porque queria mais. Se eu fosse fazer uma diferença maior, teria que ter um papel maior.

A maioria das pessoas massai possui terras por meio de ranchos coletivos. São grandes porções de terra nas quais qualquer pessoa do grupo tem autonomia para viver e criar seu gado. É semelhante ao sistema que o povo massai tinha antes da colonização britânica. Naquela época, os clãs compartilhavam grandes áreas de terra, embora os ranchos coletivos sejam menores em escala. Algumas dezenas de famílias vivem em cada rancho coletivo e cada uma pode votar para decidir a liderança da fazenda. O chefe do rancho toma decisões sobre a conservação e o desenvolvimento, mantém contato com o governo queniano e resolve conflitos.

O rancho coletivo ganha dinheiro arrendando parte de seu terreno para empresas turísticas. A liderança do rancho distribuía o dinheiro para as pessoas, que gastavam quase tudo assim que recebiam. Meu pai percebeu que a maneira de acumular riqueza e enriquecer o grupo a longo prazo seria por meio da educação e do desenvolvimento econômico. Motos e telefones eram coisas boas. Porém, meu pai achava que estimular a próxima geração resultaria em uma vida melhor para todos nós. Ele queria se tornar um líder de rancho e investir no futuro.

Meu pai caminhava ou andava de bicicleta para visitar todas as famílias do rancho coletivo. Assim como no kws, ele começou fazendo perguntas: o que queremos para o nosso povo? Como podemos transformar nossa visão em realidade? O que está acontecendo com o dinheiro que recebemos? Como podemos melhorar nossa vida?

Aos poucos, a cada conversa, as pessoas se aproximavam da sua maneira de pensar. Eu não estava lá para ver aquilo acontecer, mas, do jeito que meu pai descreveu, ele teve exatamente as mesmas conversas que eu testemunhava quando o seguia em suas rondas.

Meu pai foi eleito líder e, com seu novo poder, convenceu as lojas de caça da região a contratarem nossos jovens. Ele via como minha mãe ganhava dinheiro com a agricultura. Então, alocou mais ou menos um hectare de terra arável para que cada membro do rancho coletivo pudesse cultivar. Preferimos carne de cabra, explicou ele para mim, mas os turistas adoram tomates. Plantar na região coloca o dinheiro dos turistas nos bolsos das nossas famílias. As pessoas massai começaram a lucrar, ao menos um pouco, com o turismo.

— E se fôssemos os donos da reserva? — perguntou meu pai para mim um dia, enquanto caminhávamos.

INTOCADAS

Por mais que eu amasse e respeitasse meu pai, até eu sabia que aquela ideia era ridícula. O governo não nos daria Amboseli, o parque mais próximo. Mas fui ensinada a não contradizer meus pais, então fiquei quieta.

— As conservas de caça não precisam ser algo que nos prejudica. Se controlarmos a reserva, controlaremos o dinheiro — continuou ele.

Olhei para o meu pai. Ele estava olhando para o horizonte, não para mim, enquanto falava. Percebi que estava sonhando acordado, assim como eu.

— Tem aquele lugar à beira do rio com os hipopótamos...

Ele conversou com todas as famílias das fazendas e abordou os governos local e federal. Eu não tive a oportunidade de vê-lo fazer campanha para ser líder de rancho coletivo, mas o vi tornar seu sonho de um parque massai uma realidade. Quando os outros homens não se opunham à presença de uma garotinha curiosa, eu escutava a conversa deles. Se eu ficasse quieta, percebia que a maioria deles parecia não notar que eu estava ali.

Ele também conversou com funcionários do governo para obter as permissões necessárias e com estrangeiros que queriam fazer doações. Um homem britânico de uma ONG visitou a nossa casa um dia.

— Vou fazer chá — falei para a minha mãe. — Continua a sua tarefa.

Obviamente, eu queria ser uma filha boa e prestativa. Porém, o que eu mais queria era ouvir meu pai falar com um estrangeiro.

Meu pai abandonara a escola quando era jovem. E eu era apenas uma criança de sete anos. Portanto, nenhum de nós entendia mais que algumas palavras em inglês. Felizmente, o homem tinha levado um intérprete com ele.

— Quais parques já visitou? — perguntou meu pai. Ele assentiu enquanto o homem falava sobre os animais que tinha visto. — Também gostamos de observar os hipopótamos — respondeu meu pai. — Com cuidado, obviamente. Eles podem ser perigosos.

O homem fez perguntas: Permitiríamos que o gado pastasse na terra? Que infraestrutura esperávamos para o parque? Como a infraestrutura afetaria as plantas e os animais do parque? Como protegeríamos os animais? Planejávamos alguma melhoria de transporte? Como atrairíamos turistas estrangeiros?

Estava começando a escurecer e ele e meu pai continuavam conversando. Eu estava começando a ficar com fome e percebi que nosso horário habitual para comer já tinha passado.

— Quais medidas serão implementadas para garantir que o dinheiro volte para a comunidade? — questionou o homem.

— Este pr-pr-projeto — gaguejou meu pai, incapaz de pronunciar as palavras — será de propriedade do-o...

Ele parou de falar por um momento. Fechou os olhos e respirou algumas vezes.

— Me perdoe — disse ele. — Tenho um probleminha que as pessoas chamam de língua pesada. Quando estou cansado ou com fome, ela fica na minha boca e não me permite pronunciar as palavras.

O projeto, ele explicou, seria de propriedade da própria comunidade, bem como administrado por ela. Caso houvesse lucro, seria destinado às despesas com a educação. O parque contrataria um contador para garantir que o dinheiro fosse gerenciado adequadamente e os membros da comunidade teriam liberdade para analisar os livros contábeis.

Com língua pesada ou não, meu pai convenceu o homem. Aquela ONG ocidental doou recursos para ajudar a iniciar a reserva de caça.

Os caçadores de leões

Alguns rapazes massai ainda caçavam leões como parte de sua iniciação como guerreiros. Embora seja verdade que as pessoas massai, geralmente, não caçassem animais selvagens, apenas uma vez na vida um jovem mataria um animal selvagem para provar sua bravura. Um rapaz que matasse um leão se tornaria famoso — seria admirado pelos homens e as meninas gostariam de se casar com ele. Antigamente, quando éramos as únicas pessoas aqui, matar os animais fazia sentido. Muitos leões significava que não havia presas suficientes. Eles ficariam magros e doentes, e logo caçariam nosso gado.

Com mais desenvolvimento e pessoas, porém, os leões se tornaram escassos, e passamos a ser mais ameaçadores para eles que eles para nós. As pessoas massai decidiram parar de caçar leões como parte da iniciação à masculinidade. Em vez disso, esperava-se que os jovens interessados em se tornar *morans* competissem entre si em disputas atléticas (arremessando lanças, pulando, correndo) para provar que eram fortes e estavam prontos para se tornarem guerreiros.

Nem todos aceitaram as mudanças: alguns rapazes queriam provar a masculinidade da maneira como seus pais e avós fizeram. Um grupo de homens mais velhos descobriu que alguns rapazes estavam caçando leões. Então, os levaram até meu pai. Ele podia tê-los denunciado às autoridades. Em vez disso, aproveitou a oportunidade para mudar nossa cultura de dentro para fora.

Eles eram rapazes fortes e orgulhosos. Contudo, respeitavam meu pai e inclinaram a cabeça para ele.

Ele tocou o topo de suas cabeças. É um gesto de proteção e carinho de um ancião. Os rapazes se entreolharam, confusos. Esperavam ser punidos, não acolhidos.

— Por que fizeram isso? — perguntou meu pai com a voz baixa.

Os rapazes deram de ombros. Talvez se ressentissem das reservas de caça e dos estrangeiros ricos que as amavam. Talvez quisessem se tornar jovens guerreiros corajosos. Talvez quisessem manter nossas tradições e provar que eram dignos. Talvez, como os jovens em qualquer lugar, estivessem entediados e quisessem desrespeitar as regras.

Quaisquer que fossem suas razões, estavam envergonhados por terem sido pegos e não sabiam como se explicar para um homem mais velho. Sabiam que poderiam ser presos ou punidos com multas maiores do que todo o dinheiro que já haviam ganho na vida.

— Esses parques, esses leões nos pertencem — afirmou meu pai.

Os rapazes não disseram nada. Meu pai podia ver que não acreditavam nele. É difícil ver as cabanas de caça cheias de piscinas chiques e barracas com lençóis de algodão egípcio e acreditar que os parques são para você.

O mais ousado dos rapazes assentiu.

— A culpa é minha. Matei o leão. Me castigue.

— Se vamos administrar esse parque, vamos precisar de homens que conheçam a área. Vocês são bons caçadores.

Os rapazes pareciam confusos.

— Não podemos caçar em um parque.

— Mas conhecem os animais. Sabem onde eles se reúnem. Vocês os observam desde que eram bebês. Sabem como se manter seguros.

— Sim — confirmaram eles, incertos.

Um deles se gabou:

— Posso identificar uma chita que os guias não conseguem ver e passam direto.

— Exatamente — respondeu meu pai. — Então, parem de matar e trabalhem para nós.

Os rapazes se tornaram alguns dos primeiros funcionários do parque: batedores de caça para guiar os visitantes do parque. Eles tinham uma renda estável e as pessoas os respeitavam por seu conhecimento. Aquele parque não era uma fonte de ressentimento; era motivo de orgulho. Aqueles jovens *morans* se tornaram grandes defensores da reserva. Além de eles nunca mais terem matado animais, se tornaram seus protetores. Não demorou muito para que o parque começasse a gerar renda com a chegada de estrangeiros. O parque recebeu doações e visitantes de todo o mundo. No seu auge, a reserva tinha sua própria pista de pouso.

O dinheiro foi usado para dar às crianças a educação que meu pai nunca conseguiu obter para si. Ele enviou jovens promissores, rapazes e moças, para internatos e até faculdades. Ele se certificou de que todas as crianças tivessem uniformes, livros e material escolar. Trabalhou em parceria com o governo, instituições de caridade da região e estrangeiras, sacerdotes locais e missionários de outros países, lojas de caça... trabalhou em parceria com qualquer pessoa que pudesse ajudar seu povo de verdade.

Um buraco no bolso

Meu pai gastava o próprio dinheiro com quem precisava. Comprava roupas para os idosos. Ele se certificava de que o homem com deficiência mental que implorava refeições às famílias na cidade tivesse sapatos. Carregava moedas para dar às crianças. Era como se ele tivesse um buraco no bolso; o dinheiro nunca ficava lá.

Um senhor morava em nossa cidade. Ele havia se machucado e não conseguia mais andar. Seus filhos e netos o tiravam de casa todas as manhãs e o colocavam sobre um cobertor à sombra de uma árvore. As mulheres levavam comida e água para ele. Quando o senhor precisava usar o banheiro, os rapazes da família o carregavam até lá. Quando os filhos que criava chegavam para buscá-lo, ele virava a cabeça, fingindo que não estava sendo carregado como uma criança. Quando queria alguma coisa, ele gritava. Mas, em uma cidade movimentada, ele nem sempre era ouvido. Ele passava muito tempo sozinho.

— Meu médico disse que preciso de uma cadeira de rodas, mas não tenho certeza — disse ele ao meu pai.

— Você não quer uma? — questionou meu pai.

O homem deu de ombros.

— É muito caro. Não posso pedir isso aos meus filhos.

INTOCADAS

Meu pai fez uma ronda pela comunidade, coletando algumas moedas aqui e ali para o homem. Ele mesmo contribuiu com uma boa quantia. Não demorou muito para que aquele velho estivesse girando em torno de seu terreno, ainda gritando suas ordens, mas a partir de então fazendo aquilo com um sorriso.

Outras pessoas da minha família puderam comprar motos ou até carros, mas meu pai mantinha a velha bicicleta com a qual sempre fizera campanha. Quando fomos ver os hipopótamos na reserva de caça, meu tio nos levou de carro. Nunca contamos à minha mãe como ele perdeu o controle do volante e quase nos levou direto para o rio.

Não digo que meu pai não cuidasse de nós. Ele cuidava.

Muitas vezes, o trabalho do meu pai o levava a Nairóbi. E, quando ele voltava para casa, gritávamos:

— O que trouxe? O que trouxe?

Lembro- de um dia, não muito tempo depois de ele ter fundado a reserva de caça, quando o recebemos em casa depois de uma viagem. Não sei exatamente quanto tempo ele tinha ficado fora. Provavelmente, não fora mais que uma semana, mas pareceram meses. Nós quatro o abraçamos. Depois que ele conseguiu se desvencilhar de nós, abriu a sacola de compras e pegou seus presentes: farinha, óleo e feijão. Teríamos *chapatis* de verdade, não a versão de lama, para o jantar.

Então, ele parou. Eu sabia que algo ainda estava na bolsa.

— A pior coisa em Nairóbi é sentir falta de vocês — disse ele para nós. — Mas a melhor coisa é pensar em como vocês ficam felizes quando volto para casa. — Ele tirou quatro quebra-queixos da sacola.

Eu adorava qualquer coisa doce, principalmente um bom quebra- -queixo duro que eu poderia mordiscar por horas. Obviamente, ter a presença do meu pai em casa era melhor que doces. Porém, doces sempre melhoravam as coisas.

Ele nunca ficou rico, mas nunca ficamos descalços nem famintos como ele na infância. Tínhamos boa comida, uma casa sólida e roupas

83

limpas. No Natal, sempre ganhávamos roupas novas e pequenos presentes. Mais importante ainda, todos os filhos do meu pai foram para a escola.

Ele também levava presentes para sua primeira esposa e os filhos. Embora a união deles não fosse baseada no amor, ele sempre proveu a ela e aos filhos. Não importava que ele morasse com a minha mãe. Não importava que ele e sua primeira esposa sempre discutissem. Sua primeira esposa sempre seria sua responsabilidade e meu pai nunca negligenciava seus deveres. E, independentemente do que sentisse por ela, ele amava os filhos que tinham juntos e era tão carinhoso com eles quanto conosco.

Por fim, meu pai foi eleito chefe de cinco ranchos coletivos. Ele conhecia todo mundo, desde membros do parlamento até as crianças brincando na estrada. Quando vou a esses ranchos hoje, as pessoas me param para contar histórias.

— Ele mandou meu filho para a escola.

— Ele me deu meu primeiro emprego.

— Ele viu que eu não tinha uniforme escolar e conseguiu um para mim.

Um menino na cidade estava quase sendo reprovado em matemática. Seus pais não tinham frequentado a escola. Então, além de dizer a ele para estudar, não havia muito que pudessem fazer para ajudar. Meu pai conhecia um menino que era bom em matemática e arranjou um jeito de que os dois morassem juntos.

Os dois meninos estudaram lado a lado e os pais fizeram questão de que eles se esforçassem. Os pais recorriam ao chicote quando o filho não se concentrava. Ele estudava e, com alguém que entendia do assunto por perto, começou a aprender.

— Sem a ajuda do seu pai — disse para mim aquele menino, agora dono de um negócio bem-sucedido —, talvez eu não tivesse me

INTOCADAS

formado. Não conseguia me sentar por um mês depois que meus pais me batiam com o chicote, mas me formei.

Mesmo quando vou para casa hoje, algumas pessoas dizem que meu pai deu demais aos outros, que a família devia ter tido mais. Como eu disse, muitas vezes não tínhamos açúcar para o nosso chá. As pessoas falam que ele estava ocupado demais ajudando a comunidade. Ele devia ter adquirido mais gado. Devia ter adquirido mais esposas. Eu não concordo. Tínhamos tudo do que precisávamos. Sempre fomos amados. Quando o seguíamos, ele não nos enxotava como muitos pais faziam. Contanto que não interrompêssemos, ele nos deixava sentar em silêncio e ver como os adultos conduziam os negócios. E, quando estava em casa, ele sempre estava cheio de amor e era todo elogios a nós. É errado dizer que ele tinha um buraco no bolso. O dinheiro dele nunca desaparecia do nada. Aquele dinheiro foi destinado a construir uma vida melhor para as pessoas, incluindo seus filhos. Quando as pessoas dizem que eu e ele somos iguais, como costumam fazer, sinto que é o melhor elogio do mundo.

O fim

Na minha cabeça, ter assistido ao corte naquela manhã, muito tempo atrás, com minha mãe, foi o começo do fim da minha infância. Não faz sentido cronologicamente. Eu tive vários anos felizes depois que testemunhei a mutilação genital feminina pela primeira vez. Mas foi naquele momento que perdi um pouco da fé na vida que conhecia. Voltei a brincar, ajudar minha mãe, ir para a escola, mas havia dúvida e medo.

Foi alguns anos depois, quando eu tinha sete anos, que minha vida familiar começou a desmoronar de verdade.

Na cultura massai, os meninos começam a pastorear os animais menores (as ovelhas e cabras) quando são pequenos, geralmente, aos quatro anos. Eles carregam bastões grandes, muitas vezes maiores que eles, e vagam pelas pastagens o dia todo. À noite, trazem os animais para seus currais e os pais saem e contam os animais. É uma grande responsabilidade para meninos tão pequenos, mas faz parte do ciclo de vida dos nossos homens: primeiro pastorear ovelhas e cabras, depois passar a cuidar de vacas, tornar-se guerreiro, casar-se, constituir família e contar o próprio gado quando estiver velho.

Antes de chegar à idade escolar, meu irmão mais novo começou a pastorear junto com os outros meninos. Ele estava orgulhoso de seu trabalho e meus pais estavam orgulhosos dele. Eu sentia falta do meu companheiro quando ele saía com os animais. Nada de *chapatis* de lama para nós. Eu estava em casa com minha mãe e Soila. O trabalho das mulheres era muito menos interessante do que ficar brincando. Mas eu estava orgulhosa, e com um pouco de ciúme, do meu irmãozinho.

Com frequência, os meninos atravessavam os riachos. Na maioria das vezes, havia pouco perigo. Nossa parte do Quênia era bastante árida e os riachos eram mansos.

Um dia houve fortes chuvas. Os riachos se moviam rapidamente, arrastando pedaços de madeira e pedras que estiveram nas margens. Meu irmãozinho não tinha medo. Os meninos precisavam atravessar. Então, dispararam.

Ele não conseguiu. Seus pés escorregaram e as águas o lançaram rio abaixo. Seu corpo foi jogado contra uma rocha como se fosse mais um pedaço de escombros da tempestade.

Os outros meninos não conseguiram alcançá-lo. Eles não eram muito maiores do que meu irmão. Era domingo de manhã e eu estava na igreja com a maioria dos adultos. Os meninos correram gritando e as pessoas na igreja correram em direção ao rio. Eu segui as pessoas na expectativa de que o garoto sobre quem estavam gritando não fosse meu irmão.

Quando chegamos perto da água, seu corpo estava inerte.

Fiquei esperando que ele abrisse os olhos. Ele parecia o mesmo de sempre. A qualquer momento, ele tossiria a água e começaria a respirar. Ele só precisava de alguém para abraçá-lo e aquecê-lo.

Por que os adultos não estavam fazendo alguma coisa para resolver o problema? Por que eles o deixaram estirado ali? Por que não fizeram algo?

Alguns adultos tiraram Soila e eu do local. Eu não queria deixar meu irmão. Virei a cabeça, tentando vê-lo, mesmo enquanto me empurravam. Eu queria sacudi-lo.

Ele vai melhorar, pensei. *Os adultos cuidarão dele e ele voltará a respirar. Não é possível que tenha partido. Ele vai recobrar os sentidos e vai rir ao ver nossos rostos tristes.*

Mas ele não recobrou os sentidos. Nunca mais vi meu irmão.

A vida seguiu em frente, mas a dor não passou. Meu pai ainda administrava os ranchos coletivos. Ele melhorou a reserva de caça e ganhou honrarias por seus esforços.

Minha mãe ainda cuidava da família. Ainda levava chá para os convidados do meu pai. Soila e eu ainda íamos à escola.

Todas as noites, porém, eu erguia o rosto quando os outros meninos chegavam em casa com o gado. Todas as noites, eu sentia uma dor renovada quando meu irmão não estava com eles.

Todos nós nos sentíamos vazios, como se a perda tivesse arrancado as nossas entranhas e nos deixado ocos. Tudo parecia mais imóvel, mais silencioso. Pequenas coisas me lembravam dele. Eu não conseguia comer *chapatis*. Já não ria e brincava quando ia buscar lenha. Sem ele como meu parceiro de brincadeiras, eu não tinha nenhum interesse em brincar.

Sentia falta do meu irmão, mas também da família que tínhamos. Eu ouvia minha mãe começar as primeiras notas das canções que as mães massai cantam sobre seus filhos. Em seguida, o silêncio imperava. Meu pai sorria menos e, às vezes, me dizia para ficar longe enquanto estava trabalhando. Meu irmão mais velho dava sempre um jeito de ficar fora de casa, fazendo alguma coisa. Eu ficava ao lado da Soila e ela nem reclamava da péssima dona de casa que eu era. À noite, ela me deixava ficar mais perto dela na cama e me aconchegar em seu corpo. Nós duas chorávamos juntas.

Enfraquecimento

A reserva de caça era bem-sucedida a ponto de atrair a atenção de pessoas longe do Quênia. Uma instituição de caridade do Reino Unido levou meu pai até Londres para premiá-lo. Tentei me imaginar voando em um avião e visitando lugares peculiares como a Inglaterra. Fiquei orgulhosa por ter um homem célebre como pai. Lembro de esperar que algum dia eu pudesse fazer minha parte para levar progresso à nossa comunidade.

Sentíamos falta dele enquanto estava viajando. Com frequência, os homens massai ficam fora de casa por algumas noites. Eles seguem o gado enquanto os animais pastam. Porém, sempre sabíamos que eles estavam por perto, em terras conhecidas. Meu pai tinha ido a um lugar que eu nem conseguia imaginar. Quando ele voltou para casa, empoeirado e amarrotado, eu não parava de abraçá-lo.

— Deixe seu pobre pai descansar, Nice — pediu minha mãe por fim. Meu pai ria.

— É bom estar em casa.

Alguns meses após a morte do meu irmão, meu pai começou a perder peso. Obviamente. Quem quer comer depois de perder o filho? Mas ele continuou emagrecendo e começou a desacelerar. O sorriso dele diminuiu.

Minha mãe cozinhava suas refeições favoritas. Ela penteava o cabelo dele e cantava para ele. Nada adiantava. Ele ficou cada vez mais magro e se movia mais devagar.

— Algo está errado — afirmou o melhor amigo dele. — Você precisa ir ao hospital em Nairóbi.

Meu pai ficou fora por uma semana. A casa ficou ainda mais vazia. Sem poder seguir meu pai o tempo todo, eu ficava colada na Soila.

— Você lavou as xícaras do café da manhã? — perguntou Soila.

— Vou lavar daqui a pouco — respondi.

— Você sempre deixa para depois — retrucou ela — e o depois nunca chega.

Besteira. O depois sempre chega, independentemente de os copos estarem limpos ou não. Mas eu fazia o que ela pedia. Ficar perto da Soila, com seus olhos atentos, significava mais trabalho para mim, mas pelo menos eu não estava solitária.

— Para onde a Nice foi? Parece que ela nunca está por perto — dizia ela gentilmente quando me pegava sonhando acordada. Ela nunca levantava a voz.

Não falávamos sobre o irmão que perdemos. Se falássemos, começaríamos a chorar. Em vez disso, contávamos histórias uma para a outra. Como nenhuma de nós conseguia se lembrar exatamente de como nossa avó contava as histórias, inventávamos as próprias versões. As versões da Soila eram sempre sensatas. As minhas eram bem surrealistas: o coelho trapaceiro ia para Nairóbi e voltava com um saco de quebra-queixos ou pegava um avião para Londres e se encontrava com a rainha. Soila balançava a cabeça ao ouvir minhas histórias, mas também ria e pedia que eu contasse mais.

Ela cantava para mim e esfregava minhas costas à noite. Era como ter uma segunda mãe.

Na época, eu não percebia a profundidade da sua dor. Quando eu era pequena, corria e brincava enquanto Soila ficava ao lado da minha mãe ajudando a cuidar do meu irmãozinho. De certa forma, ela perdera ao mesmo tempo um filho e um irmão. Acho que cuidar de mim ajudava a preencher um pouco do vazio que a falta dele deixara dentro dela.

Eu tinha fé de que as coisas melhorariam, que parte da nossa antiga vida voltaria ao normal. *Quando o papai voltar*, pensei, *ele vai ficar saudável. As coisas serão como antes.*

Contudo, quando ele voltou, estava ainda mais magro. Ele dormia até tarde e se deitava cedo para dormir. Ele não caminhava nem andava de bicicleta para ver seus eleitores; quase não saía de casa. Eu ficava do lado dele o tempo todo. Então, minha mãe arrastou meu colchão para o quarto dele. Eu segurava sua mão e cantava enquanto ele adormecia. *Se eu segurar firme o suficiente*, eu pensava, *ele vai ficar conosco. Podemos fazer com que ele fique bem.*

Quando perguntei sobre sua doença, parecia que ninguém conseguia explicar o problema.

— Alguém está com inveja dele — dizia uma pessoa. — É veneno.

— Ele comeu comida estragada quando foi para Londres — sugeria outra.

Ninguém conseguia explicar exatamente o que causava sua dor e ninguém tinha uma solução para que ele melhorasse.

Um dia, eu estava passando creme na pele dele e vi por baixo de sua camisa. Seu peito, outrora forte, estava afundado e grossas cicatrizes rosadas cobriam sua pele marrom. *Fizeram algo horrível com ele em Nairóbi*, pensei. Fechei os olhos, abaixei a camisa dele e fingi não ter visto aquilo.

Ele ficou mais fraco, mas eu sabia que ainda se importava comigo. Ele perguntava sobre a escola e fazia questão de que eu não deixasse de fazer minha lição de casa para ficar ao lado dele. Ele queria ouvir suas músicas favoritas e dizia a Soila e a mim para sermos boas meninas e ajudarmos nossa mãe.

Em poucas semanas, ele não conseguia mais sair da cama. Dormia a maior parte do dia. Seu rosto bonito estava encovado e ossudo. Ele parou de fazer perguntas e mergulhou cada vez mais em seu próprio mundo.

Não havia nada que pudéssemos fazer. *Melhore*, eu orava. *Volte para nós.*

Pouco tempo depois, ele passava o tempo quase todo dormindo. Seus companheiros de grupo etário tinham que carregá-lo para que usasse o banheiro. Ele murmurava em uma tentativa de falar com pessoas que haviam morrido havia muito tempo e parecia não ver os vivos. Eu segurava sua mão com mais força quando a atenção dele vagava, esperando que ele voltasse à realidade.

Os batedores receberam novos uniformes extravagantes para usarem no rancho de caça. Os meninos que meu pai havia empregado em vez de punir por matar leões queriam mostrar a ele seus uniformes. Ele não conseguia sair da cama, então vieram até meu pai. Arrastamos seu colchão para fora e para o lado da casa. Ele se sentou e os observou marcharem à sua frente. Aqueles garotos a quem dedicara tanto tempo treinando pareciam decentes, firmes e preparados. Por mais fraco que estivesse, ele conseguiu sorrir.

Ele falou para os meninos:

— Estou orgulhoso de vocês. Nós construímos este parque, não foi o Ocidente. Nossos filhos e netos colherão os benefícios. Vejo vocês diante de mim, jovens fortes, guerreiros da nossa terra e do nosso povo, e sei que posso descansar tranquilo. Vocês são o futuro do Quênia. Vocês são o futuro do povo massai.

Por um momento, ele estava de volta e eu vi aquela antiga força em seu rosto. Eu tive esperança. Sua língua não estava nada pesada. *Talvez ele esteja voltando para nós*, pensei. *Talvez as coisas estejam finalmente mudando.*

Assim que os meninos saíram, porém, ele começou a devanear mais uma vez. O momento do desfile dos batedores de caça foi a última vez que o vi acordado e totalmente consciente de seu entorno. Ele dormia sem parar, os olhos pareciam não ver nada, mesmo quando estavam abertos. Eu segurava sua mão todas as noites. Um dia, enquanto eu dormia, alguém gentilmente tirou minha mão da dele. Descobri depois que o levaram para um carro que estava esperando. Quando acordei, estava sozinha e sua cama estava fria. Não tive a chance de me despedir.

Outra perda

Eu tinha apenas sete anos quando meu pai morreu. Não entendia por que o tiraram de mim, por que eu não podia ir com ele para o hospital. Em retrospectiva, percebo que, na época, meu pai tinha sete filhos vivos. Não poderíamos ter ficado com ele no hospital e minha família não tinha dinheiro suficiente para ficarmos em um hotel em Nairóbi. Mesmo que tivéssemos conseguido fazer a viagem, sete crianças não teriam feito com que as últimas horas de um homem fraco, cansado e enfermo fossem mais confortáveis.

Também não pensei em como minha mãe deve ter se sentido. O marido e companheiro de vida dela estava sofrendo, muito longe. Além do mais, ela deve ter percebido que ele não voltaria. Ela continuou a cuidar de nós e a fazer seu trabalho como sempre. Porém, ele deve ter povoado seus pensamentos o tempo todo.

Também não percebi que, como meu pai, ela estava doente. Ela devia saber que todas as dores e humilhações que meu pai sofreu também a esperavam.

Minha mãe começou a perder peso enquanto meu pai estava debilitado. Ela estava ocupada com as crianças e cuidando dele. Assim, as pessoas

INTOCADAS

presumiam que ela não tinha tempo para comer. Mas, mesmo depois da morte dele, ela continuou emagrecendo.

— Você está se sentindo bem, mãe? Quer descansar? — perguntou Soila um dia enquanto lavavam roupas juntas. Nossa mãe andava devagar e, às vezes, tinha acessos de tosse quando se movia rápido demais.

— Precisamos terminar de pendurar essas roupas — foi tudo o que minha mãe disse em resposta. Elas jogaram a roupa molhada sobre os arbustos para que secassem ao sol e ficassem com o cheio de ar fresco e quente.

Minha mãe ordenhava as vacas, buscava água e cozinhava para nós. Eu via como ela ficava cansada à noite. Então, até eu fazia minha parte das tarefas. As tarefas domésticas eram boas para mim. Quando estava ocupada, não me lembrava do meu irmão, não chorava pelo meu pai, não me preocupava com a minha mãe.

Eu tinha apenas sete anos. Porém, já conseguia correr na frente dela quando estava carregando água ou sopa quente.

— Vá pegar lenha — dizia ela, suspirando, mesmo quando já tínhamos o suficiente.

Soila era mais quieta e firme.

— Ouça sua mãe — reforçava ela. — Vou ajudar aqui.

Era mais fácil lá fora, onde eu buscava madeira ou andava à procura de água. Fazer as coisas normais permitia que eu me concentrasse no meu corpo por um tempo. Ficar longe da minha mãe me fazia esquecer de como ela estava cansada, de como sua voz soava fraca. Às vezes, eu parava e brincava com as outras crianças e era criança de novo por um tempo.

As roupas da minha mãe estavam largas. Seu cabelo começou a cair. Ela sempre arranjara tempo para fazer tranças lindas em seu cabelo preto brilhante. Naquele momento, o cabelo estava tão fino quanto o de uma idosa.

95

Certa manhã, minha mãe não conseguiu sair da cama. Tufos de cabelo jaziam em seu travesseiro.

— Soila —sussurrou ela —, pegue um pouco de água e uma navalha.

— Seu cabelo... — comecei.

— Não sou vaidosa, criança. É trabalho demais. Soila, vá.

Soila ensaboou a cabeça da minha mãe gentilmente. Ninguém falou nada e os sons silenciosos de suas mãos se movendo pareciam absurdamente altos naquele pequeno cômodo. Ainda consigo ouvir o som da navalha raspando a cabeça da minha mãe.

Quando Soila terminou, minha mãe parecia encolhida, uma estranha para mim.

Minha mãe tentou rir.

— É melhor assim, crianças. Uma coisa a menos para cuidar.

Enquanto Soila carregava a água suja para limpar a tigela, ela não disse nada, mas notei que chorava. Eu a segui até o lado de fora, agarrando sua saia. Ela colocou a tigela no chão, se virou e me agarrou com força em seus braços.

— É só cabelo — sussurrou ela, mas chorava tanto quanto eu. Alguns dias depois, minha mãe mandou Soila e eu para a casa da nossa tia Grace, sua irmã. Moraríamos com essa tia a partir daquele momento. Eu não entendia por que da nossa partida. Eu queria ficar com a minha mãe.

— É só por um período, para dar tempo a ela para descansar — disseram os adultos.

Eu sabia que não era isso. Soila sabia que não era isso. Tínhamos visto o que acontecera com nosso pai. Sabíamos que nossa mãe estava tão doente quanto.

Eu estava na cama, meio dormindo, quando minha tia chamou Soila. Eu a ouvi chorar e entendi o motivo. Eu não conseguia respirar.

Minha barriga estava apertada. Fechei os olhos, fingindo dormir. *Isso não pode ser verdade*, pensei. *Que não seja verdade.*

Senti-me vazia e em carne viva por causa de todas as lágrimas e, acima de tudo, me senti completamente sozinha.

Depois de algumas horas, naquela mesma noite, enquanto estávamos deitadas juntas na cama, implorei a Soila que não me deixasse também.

— Prometa — pedi. — Você tem que prometer.

Ela aconchegou o corpo contra o meu e colocou os braços em volta de mim.

— Não importa o que aconteça — respondeu ela —, sempre serei sua família.

Ambos, meu pai e minha mãe, morreram longe de mim. Por anos, eu não tive certeza se morreram no hospital ou na casa de alguém. O que causou a morte deles? Eles ficaram sozinhos e com medo? Eles sofreram com dor? Eles quiseram ver seus filhos uma última vez?

Minha família queria proteger Soila e eu para que não víssemos nossos pais morrerem. Eles achavam que éramos jovens demais para entender qualquer coisa sobre a doença ou o tratamento deles. Entendo isso agora. Na época, porém, parecia que meus pais haviam desaparecido. Parecia que tínhamos sido abandonadas. E sem saber o que realmente acontecera com eles, a dor que eu imaginei era muito pior do que realmente pode ter sido.

Só recentemente comecei a perguntar à minha família o que aconteceu. Descobri que meu pai morreu no hospital, com o melhor amigo ao seu lado. O pai da minha mãe a levou para o hospital e ela morreu cercada pela família. Os dois receberam amor e cuidados. Ficar sabendo disso foi um alívio. Consegui me desvencilhar dos meus piores temores. Não pude estar com eles, mas, em seus momentos finais, eles estavam com pessoas que amavam.

Na época, tudo que eu sabia era que meu pai fora para Nairóbi e nunca mais voltara. Minha mãe me mandara embora e eu nunca mais a vira. O mundo seguro e feliz que eu conhecia se fora. Para Soila e para mim, a infância tinha acabado.

Mas não éramos adultas. Ainda nos restava um ritual: o corte.

O legado do meu pai

Meu pai sempre me disse que a coisa mais importante para a nossa família e para o povo massai era estudar. Ele queria ter certeza de que Soila e eu, assim como meus outros irmãos e irmãs, completássemos os estudos. Não apenas para nós mesmos, mas para que nossa comunidade prosperasse.

Pouco antes de morrer, ele organizou um *harambee*. *Harambee* é uma palavra suaíli que significa "todos trabalham juntos." Cada um vem e contribui com o que pode.

Meu pai podia ter se tornado um homem rico, mas distribuiu dinheiro ao longo de sua vida e as pessoas nos ranchos coletivos sabiam daquilo. Elas queriam ajudar o homem que havia dado tanto a elas. Então, se uniram e arrecadaram dinheiro para a família dele.

Lembro de vagar durante a reunião, ouvindo os adultos falando sobre o trabalho que ele havia feito pela comunidade. Uma mulher se lembrou de quando ele ajudara o filho dela a comprar um uniforme escolar. Um homem se lembrou de quando meu pai o ajudara a conseguir remédios para sua esposa. Todos pareciam estar contando aquelas histórias uns aos outros. Vaguei pela reunião e ouvi todas as pessoas que achavam que meu pai era um grande homem. Senti muito orgulho. Eu não entendia que todas as histórias daquelas pessoas pareciam ser contadas no pretérito. Eu não entendia que o *harambee* significava que meu pai logo partiria.

Depois que ele morreu, havia bastante dinheiro para os nossos estudos e para que tivéssemos uma vida confortável, com terra para construirmos um lar. Anos depois, me disseram que a comunidade havia levantado mais de um milhão e meio de xelins quenianos, o equivalente a mais de catorze mil dólares. No Quênia rural, era uma fortuna.

Mas Soila e eu éramos crianças quando nossos pais morreram. Éramos estudantes do ensino fundamental que não sabiam nada sobre dinheiro. Dependíamos da bondade dos outros. Meu tio, um dos irmãos do meu pai, controlava o dinheiro do *harambee*.

Minha mãe fez um testamento; ela queria que seus filhos morassem com a tia Grace. Depois que minha mãe morreu, os homens da família ignoraram seus desejos. Afinal, minha mãe era uma mulher e sua irmã não fazia parte da família. Na cultura massai, quando uma mulher se casa, ela se junta à família do marido e ao grupo etário dele; seus laços de infância são cortados. A irmã da minha mãe não tinha nenhum papel oficial em nossas vidas.

Então fomos morar com os membros da família do meu pai. Por um curto período (muito curto), meu irmão mais velho, Kevin, Soila e eu fomos morar juntos com o homem que chamo de avô. Na cultura massai, qualquer homem que assuma a responsabilidade por uma pessoa é "pai." Quando meu pai era criança, com cerca de oito ou nove anos, foi morar com o irmão. Não sei exatamente por que, embora suspeite de que tenha sido porque meus avós tinham dificuldades financeiras para sustentar os filhos. Então, embora meu "avô" fosse irmão do meu pai, nós o chamávamos de avô.

INTOCADAS

Certa manhã, alguns poucos meses após a morte da minha mãe, meu tio foi à casa do meu avô enquanto ele estava com o gado. Ele não sorriu e nem mesmo cumprimentou as crianças.

— Soila e Kevin — anunciou ele —, vocês virão morar comigo. Peguem suas coisas.

— Não! — gritei.

Meu tio olhou para mim sem dizer nada. Soila correu para me abraçar. Meu irmão cuspiu no chão e depois voltou para a casa.

— Falei para pegarem suas coisas — repetiu meu tio.

Soila assentiu, me soltou e começou a amarrar suas poucas roupas em sua *losa*. Meu irmão não disse nada.

— Não leve eles embora, por favor — pedi. — Vou me esforçar mais. Vou me comportar. Por favor.

Meu tio olhou para mim.

— Não responda aos mais velhos, criança. Isso já foi decidido.

Senti-me tão pequenininha. Eu sabia que ele estava certo. O que eu poderia fazer? Eu os observei se afastarem até que a poeira atrás deles assentasse.

— Eles são tudo o que tenho — falei, mas não havia mais ninguém para ouvir. Minha voz soou estranha e alta na minha cabeça.

Na casa do meu tio, Soila trabalhava como uma mulher adulta, embora tivesse apenas dez anos. Nós nos víamos quando podíamos e parecia que toda vez que eu a via, ela estava mais alta e mais crescida.

Meu irmão ficou com outro tio. Ele tinha doze anos e, pelo menos em sua opinião, estava pronto para cuidar de si mesmo. Ele tinha um temperamento forte (ainda tem) e quando meu tio lhe dava ordens, ele questionava. Quase todos os dias, a gritaria tomava a pequena casa do meu tio. Pouco tempo depois de ter se mudado para lá, meu irmão abandonou a escola e logo depois foi embora. Ele não conseguia arcar com as despesas de sua própria casa e não tinha gado próprio. Então, batalhava para ter uma cama todas as noites, mas ao menos não havia mais brigas.

***

Soila e eu poderíamos ir para o internato juntas, pensei, e ser uma família. Eu poderia ajudar Soila com a escrita e ela poderia me ajudar com a matemática. Moraríamos no mesmo dormitório e seríamos uma família novamente. Nossos pais estariam nos observando do céu e teriam orgulho do nosso aprendizado.

Fui ao meu tio para pedir o dinheiro do *harambee* para pagar as mensalidades.

— Não tem dinheiro — respondeu ele.

As crianças massai são ensinadas a não questionarem os mais velhos. Apesar de tudo que eu tinha passado, queria ser uma boa menina.

Disse humildemente:

— Tudo o que preciso é da quitação das taxas e mensalidades escolares.

— Não tem problema — informou meu tio. — Você vai para a escola da região.

Soila e eu já havíamos aprendido tudo o que podíamos na escola da região. Precisávamos de uma escola mais rigorosa se quiséssemos continuar estudando.

Por mais rudimentar que fosse minha educação, pelo menos eu ainda frequentava a escola. Assim como Kevin, meus meios-irmãos, tanto os meninos quanto as meninas, logo desistiram. Antes de meu pai morrer, ele pediu ao meu tio para cuidar deles.

— Certifique-se de que eles vão para a escola — pediu ele ao irmão.

Meu pai tinha receio de que sua primeira esposa não cuidasse bem dos filhos que tiveram juntos. Ao contrário da minha mãe e meu pai, ela não valorizava a educação. Quando meu pai morreu, as crianças

INTOCADAS

foram divididas entre os membros da família. Embora o irmão do meu pai tenha honrado seus desejos de acolher as crianças, ele não garantiu que estudassem. Em vez disso, pediu-lhes para que trabalhassem limpando a casa, pastoreando os animais, cuidando da fazenda. Meus irmãos e irmãs não tinham tempo para trabalhar e estudar. Além do mais, ninguém os incentivava a continuar seus estudos. Um por um, eles abandonaram a escola.

Se tivessem terras, Kevin e os outros podiam ter tentado cultivar e economizado o suficiente para comprar suas primeiras cabras e vacas. Assim como o dinheiro, porém, as terras haviam desaparecido. Quando foram ficar com o resto da família, os tios disseram aos meus irmãos e irmãs que cuidar deles custava caro.

— Passem os direitos da terra — disseram os tios —, e nós cuidaremos de tudo. Pagaremos a vocês para usar a terra.

Mas o dinheiro nunca se materializou e nunca se falou em devolver a terra. Meus irmãos e irmãs tinham que trabalhar nas fazendas de outras pessoas para ganhar alguns dólares por dia. Eles ajudavam a despejar concreto nas casas de outras pessoas. Eram os mais pobres do povo massai, pessoas sem gado. Eles não tinham nada além de uns aos outros.

Em apenas alguns meses, o legado do meu pai foi liquidado. Todos aqueles anos trabalhando para oferecer o melhor aos filhos, todos aqueles anos nos estimulando a ir para a escola; tudo desapareceu num piscar de olhos. Mais tarde, me perguntei por que o resto da família não questionou meu tio, por que não perguntaram onde estava o dinheiro ou contribuíram quando o que tínhamos acabou. Alguns devem ter partido do pressuposto de que ele usara o dinheiro do *harambee* para cuidar de nós. Afinal, ele acolheu Soila, uma das filhas do meu pai. Alguns devem ter partido do pressuposto de que ele fez o que achou melhor, investiu o dinheiro em terras e animais que ajudaram a família a prosperar. Talvez pensassem que não era importante mandar as crianças para a escola; as opiniões do meu pai sobre educação não eram unânimes. Não sei ao certo o que estavam pensando, mas sei que nos abandonaram. Se os filhos dos meus pais fossem estudar, seria algo que faríamos por conta própria.

A casa do meu avô

Ao contrário dos meus irmãos e irmãs, eu tinha um adulto que se preocupava com os meus interesses. Meu avô amava meu pai e se importava comigo.

Ele me chamava de *twiga*, que significa girafa em suaíli, porque eu era alta.

— Precisamos alimentar essa *twiga* — dizia ele quando voltava para casa no final do dia. — Olha como ela está magra. — Ele me dava um tapinha na cabeça e sorria.

Naquele Natal, ele comprou roupas e me deu.

— Tente não ficar mais alta, pequena *twiga* — disse ele — ou você não terá nada para vestir. Você está crescendo mais rápido do que as plantas de algodão.

Ele também me entregou um saquinho de balas porque, segundo ele, eu tinha sido uma garota muito doce. Fiquei grata pelos presentes e pela gentileza dele em me presentear, mas franzi a testa quando pensei na Soila e nos outros. Eu sabia que meus irmãos e irmãs não ganhariam presentes de Natal.

Meu avô era cristão devoto. Todas as noites, ele iniciava as orações e nos contava histórias da Bíblia. Mesmo hoje, sendo mais velho, nunca perde a missa de domingo. Muito do que sei sobre Deus, aprendi com seus ensinamentos.

Tive sorte porque ele honrou os desejos do meu pai para a minha educação. Ele não era um homem rico e o dinheiro do *harambee* nunca chegou às suas mãos. Portanto, não tinha o suficiente para pagar as taxas do internato. Porém, havia uma escola na região e eu estava feliz por isso. Todas as noites, quando meu avô estava em casa, ele me perguntava se eu havia obedecido a minha professora naquele dia e se eu havia feito meus deveres escolares.

Como meu pai, ele se dedicou à política para melhorar a vida do povo massai. Alguns anos antes de eu nascer, com o apoio do meu pai, ele havia trabalhado como parlamentar. Aquele cargo não significava que ele era rico (ele vinha de um distrito rural pobre), mas significava que era respeitado. As pessoas paravam e conversavam quando ele passava, assim como faziam com meu pai. Meu pai fez campanha para seu irmão mais velho.

Mas, apesar do respeito que conquistou por seus anos de serviço, meu avô percebeu que, sem o apoio do meu pai, não teria uma carreira política.

No velório do meu pai, ele disse:

— Minha carreira morre junto com ele.

Ele entendeu que seu irmão e filho honorário deram a ele muito do pouco que tinha.

A esposa do meu avô era gentil e cuidava de mim como se eu fosse filha dela. Seus filhos haviam se mudado para suas próprias casas. Então, eu recebia atenção exclusiva. Ela me punia quando eu não fazia as tarefas ou tinha atitudes desrespeitosas. Contudo, elogiava meu trabalho escolar, fazia questão de que eu comesse direito e penteava meu cabelo.

Ela sofria de diabetes e pressão alta, e por esse motivo, muitas vezes, ficava de cama. Mas ela cozinhava para o meu avô todos os dias e mantinha a casa impecável. À tarde, caminhávamos até o pequeno terreno onde ela plantava tomates e cebolas e eu a ajudava a levar os legumes para casa. Ela me ensinou como cortar os legumes e colocá-los na panela. Ela me ensinou a cozinhar os pratos favoritos do meu avô do jeito que ele gostava.

Ela tinha que tomar insulina. Como a esposa do meu avô não podia pedir a um homem que a ajudasse com uma questão tão íntima, uma de nós segurava suas roupas enquanto a outra preparava a agulha e injetava na perna ou na barriga dela.

— Estou feliz que esteja aqui, Nice — dizia ela quando eu a ajudava. — Não posso permitir que um homem me veja assim e você é uma boa ajudante.

Ela não era uma substituta dos meus pais (nada poderia ter sido), mas ajudou a tornar uma época insuportável um pouco mais suportável.

Cerca de um ano depois que fui morar com meu avô, porém, ela teve que ir ao hospital e, como meu pai, nunca mais voltou. Eu só tinha cerca de oito anos quando ela morreu. Depois de tantas mortes, perdê-la me deixou vazia. Tenho certeza de que chorei e sofri, mas do que mais me lembro é o vazio. Como se as emoções dentro de mim tivessem secado. Acima de tudo, me sentia pequena e sozinha.

Sozinha

Alguns meses após a morte da esposa, meu avô se casou novamente. A nova esposa do meu avô não tinha a mesma afeição por mim. Nunca mais pude fugir para ler um livro quando devia estar lavando a louça. Eu tinha apenas oito anos, mas tinha que ser a primeira a sair da cama de manhã para fazer o chá. Quando ela deu à luz, no ano seguinte, alimentar seu novo bebê passou a ser meu trabalho. Eu tinha que lavar as fraldas e pendurá-las para secar. Eu tinha que garantir que os homens da casa (meu avô, tios e primos, e até mesmo alguns lavradores) comessem. O bebê tinha que estar vestido e pronto antes que eu pudesse andar os dez quilômetros até a escola. Muitas manhãs, eu me atrasava e ganhava um tapa na bunda, sendo humilhada na frente dos meus colegas de sala.

No caminho de volta da escola, pegava lenha para o fogo. Eu a carregava em um pano enrolado nas costas. Em casa, eu tinha que limpar as roupas sujas e pendurá-las para secar, varrer a casa e fazer o jantar. Eu só podia comer depois que toda a família tivesse comido... se sobrasse alguma coisa, obviamente. Como os homens e as mulheres comiam separadamente, meu avô não sabia que sua esposa não estava me alimentando direito. Não era raro eu ficar com fome. Às vezes, minha tia Grace aparecia com comida boa, até bananas frescas, mas a esposa do meu avô pegava a comida para ela e sua própria família.

Não havia tempo para estudar. Às vezes, cansada do trabalho constante, adormecia na minha carteira na escola e ganhava uma palmada na mão ou nas nádegas. Estudava o suficiente para obter notas para passar, mas parecia que nunca havia tempo suficiente para os estudos. Com certeza, não aprendi tudo o que poderia ter aprendido.

Nada que eu fazia estava certo. Se não cozinhasse uma refeição direito, eu levava uma surra. Se houvesse certa mancha suja em um cobertor, eu levava uma surra. Se eu fizesse uma carranca ou derramasse uma lágrima, eu apanhava ainda mais.

Quando estava muito zangada comigo, a esposa do meu avô me trancava na cozinha, uma pequena estrutura separada da casa principal, durante a noite. Eu nunca tinha dormido em uma edificação sozinha antes e conseguia ouvir animais uivando através das paredes finas. O chão de terra era frio e duro ao tocar minhas feridas. Eu podia sentir os ratos deslizando pelas minhas mãos e pés enquanto dormia. Quando eu acordava de manhã, estava tão dura e dolorida que era difícil me mover. Então, não conseguia fazer as tarefas domésticas direito e ganhava outra surra.

Quando meu avô estava em casa, eu dormia em uma cama como todo mundo. Eu comia a mesma comida que o resto da família. Eu nunca apanhava. Como outros homens massai, porém, ele estava sempre fora, cuidando do gado e dos negócios. Então, eu era basicamente uma empregada não remunerada para sua esposa.

Eu fugi. Mais de uma vez. Eu corria a pé ou entrava furtivamente em um ônibus e torcia para que ninguém tentasse cobrar minha passagem. Às vezes, eu corria para estar com a Soila. Ela encontraria uma amiga que me deixaria dormir no chão da casa dela. Mas Soila não tinha como me esconder na casa do meu tio. Ela viu que eu estava magra e me deu um pouco de comida. Ela não tinha muito mais do que eu. Portanto, quando eu comia significava que ela ficaria sem comer. Se meu tio a pegasse me protegendo, Soila levaria uma surra.

Geralmente, eu fugia para a casa da minha tia Grace. Ela sempre me alimentava e se certificava de que eu tomasse banho. Por uma ou duas noites, tinha um lar onde estava segura e era amada.

A primeira vez que corri para a casa dela, tia Grace me perguntou por que eu estava lá.

— Você sempre se comportou, Nice. Qual é o problema na sua casa?

— Nada — respondi.

— "Nada" faz você pegar um ônibus e fugir para a minha casa? "Nada" faz você desonrar seu avô?

— Sinto falta de casa — falei.

Ela ficou quieta por um momento.

— Tem certeza de que é só isso, Nice? — questionou ela.

Assenti. Tinha sido criada para obedecer sempre aos adultos e mostrar-lhes respeito. Contar sobre o que a esposa do meu avô fazia era equivalente a insultar meu próprio avô.

Na próxima vez que fugi para a casa dela, tia Grace me fez as mesmas perguntas e respondi da mesma forma. Na vez seguinte, ela não perguntou. Nunca falei mal da esposa do meu avô. Mas, em retrospectiva, percebo que tia Grace deve ter suspeitado de que eu estivesse sendo maltratada. Como parte da família da minha mãe, e sendo uma mulher, ela não tinha como fazer nada para me salvar dos maus-tratos. Tudo o que ela podia fazer era me acolher e me dar todo o amor que pudesse antes que alguém viesse me arrastar para longe.

A mulher do meu avô disse a ele que eu era preguiçosa e desobediente. Disse ainda que eu flertava com todos os homens da vizinhança. Então, meu avô começou a suspeitar de que eu estivesse fugindo para encontrar um namorado. Aquelas suspeitas doeram quase tanto quanto os espancamentos. Ele pensou que eu estivesse mentindo, que eu havia falhado com ele. Mesmo assim, eu não poderia dizer a ele que sua esposa era cruel comigo. Em vez daquilo, falei que sentia falta da minha antiga família, o que era verdade, mas não lhe contei toda a verdade. Ele amara meu pai e me amava. Além do mais, não queria fazê-lo sofrer.

O medo maior era de que, se eu contasse, ele colocasse a culpa em mim. Se a esposa dele me punia, devia ser porque eu merecia. Comecei a pensar que ela estava certa, que eu merecia. Ela não era cruel com seu próprio filho. Havia uma razão pela qual eu era tratada diferente. Talvez eu fosse uma criança ruim. Eu era o tipo de menina que fugia dos meus problemas. Minhas bochechas não tinham as cicatrizes rituais redondas como outras meninas massai porque eu tinha fugido quando tentaram me queimar. Eu tinha provado novamente que era uma covarde quando fugi para a casa da minha tia. Eu não era forte. Eu não era digna.

Agora que sou adulta, sei mais sobre maus-tratos infantis. Sei que as crianças escondem a sete chaves o que está acontecendo por causa da vergonha e do medo. Eu gostaria que houvesse alguma forma de o meu eu adulto poder voltar e oferecer algum conforto e esperança para aquela menininha que sofria.

Fiquei aliviada quando outra Soila, minha prima, foi morar conosco. Com ela ao meu lado, havia alguém para dividir as tarefas domésticas. Conversávamos enquanto cozinhávamos e limpávamos. Falávamos baixinho para não incomodar a esposa do meu avô e só isso já facilitava um pouco o trabalho. Quando recolhíamos lenha, longe da casa, ríamos juntas, como crianças normais. Estar com alguém que não me odiava me fez perceber que, talvez, eu não merecesse ser odiada. Mesmo trancada na cozinha à noite, não sentia tanto frio naquele chão de terra com um corpo quente ao meu lado.

Aos domingos, não podíamos ir à igreja com a família. Tínhamos que ficar em casa e ter o almoço pronto para quando eles voltassem. Eu sentia falta de ir à igreja. Mas, de certa forma, o domingo era o melhor momento da semana. Soila e eu poderíamos fazer panquecas e ovos. Além do mais, naqueles momentos, podíamos comer até ficarmos satisfeitas. Conversávamos tão alto quanto queríamos e ríamos juntas.

No entanto, aqueles momentos de riso não aconteciam com frequência. Na maior parte do tempo, eu não falava nada. Só fazia minhas tarefas. Chorava em silêncio só quando estava sozinha. Se ninguém me visse chorar, ninguém me espancaria. Eu já era pequena. Fazia tudo o que podia para ser invisível.

A última surra

Um dia, vesti uma calça comprida. Não sei ao certo onde consegui a calça. Meu uniforme escolar era um vestido simples com gola. Eu não tinha dinheiro para comprar roupas. Talvez alguém na escola tenha me dado a calça de segunda mão.

Quando a esposa do meu avô viu a calça, ela ficou atônita.

As mulheres massai não usavam calças.

— Tire isso — ordenou ela. — Você parece uma prostituta.

Assenti e fui em direção ao outro cômodo.

— Não — interrompeu ela —, tire essa calça agora. Tire a roupa toda.

Olhei ao redor da sala. Seus primos, todos homens, estavam sentados lá. Não me mexi. Aos oito anos, quase nove, eu estava começando a desenvolver os traços das curvas do corpo de uma mulher e não queria que os homens me vissem.

Ela começou a me bater com um bastão. Mas era melhor do que ficar nua na frente dos homens. Ela me bateu até que eu desabei no chão.

Quando tive forças o suficiente para me levantar, ela me disse para tirar a roupa, do contrário ela me bateria de novo. Lentamente, tirei as roupas e fiquei tremendo. Eu não conseguia olhar para cima, não conseguia encarar os olhos das pessoas ao meu redor. Eu estava envergonhada.

Ela me bateu novamente.

— Você vai terminar como seus pais! — gritou ela. — Vai morrer de aids!

Eu não conseguia respirar, não conseguia mais sentir a dor causada por seus socos. Foram as palavras dela que mais doeram. Não, pensei, não é verdade, não pode ser.

Quando ela parou, me mandou para a cozinha. Comecei a chorar lá. Eu a odiava por ter dito aquilo sobre meus pais.

Eu a odiava por estar certa.

Pensei no que tinha acontecido com meus pais. A estranha doença que tiveram quando ainda eram jovens. A forma como seus corpos definharam. O fato de o marido e a esposa terem morrido em um intervalo tão curto um do outro.

As pessoas estavam morrendo em decorrência da aids em toda a África Subsaariana. Era um vírus, não uma falha moral. Na época, porém, as pessoas viam aquilo como algo desonroso, uma doença de prostitutas e pessoas imorais da cidade. As pessoas que morreram por causa da aids foram consideradas vergonhosas pelas suas famílias.

Eu não sabia o que causava a aids. Eu nem sabia por que as pessoas achavam que era uma doença polêmica. Eu sabia que não se falava abertamente sobre o assunto. Eu sabia que aquilo significava que meus pais eram pessoas ruins. Tudo o que eu realmente entendia era que meus pais tinham ido embora e que as pessoas estavam tão envergonhadas da causa de suas mortes que nem mesmo falavam sobre o que fez com que partissem.

Senti-me tola por não percebido aquilo antes. Fiquei envergonhada por ter dado ouvido às mentiras que as pessoas me contaram. Como meu pai definharia por ter comido comida estragada em Londres? Não fazia sentido.

Minha prima Soila chegou e me abraçou naquela noite. Eu chorei e me aninhei ao seu lado. Não contei a ela sobre meus pais. Para ela, deve ter parecido que eu estava chorando por causa da surra.

— Tudo o que temos a fazer é sobreviver ao dia de hoje — murmurou ela — e, um dia, tudo isso vai chegar ao fim.

Ela acariciou meu cabelo e me deixou soluçar. Por fim, me acalmei. Embora ainda estivesse soluçando, com o nariz escorrendo e o rosto inchado, me senti melhor. Ainda me sentia confusa. Ainda estava magoada por causa do insulto aos meus pais. Até hoje machuca. Mas Soila estava certa. Eu só tinha que sobreviver a um dia de cada vez.

Decidi que a esposa do meu avô não poderia tirar de mim as lembranças dos meus pais. Eu conhecia meus pais. Sabia o quanto eles amavam suas famílias. O quanto amavam seu povo. Eles viveram para cuidar das outras pessoas; eles eram bons. Sabia que minha mãe tinha sido uma mulher devota e meu pai, um bom marido. Não importava o que os havia matado.

Eu provaria que a esposa do meu avô estava errada. Eu não me tornaria uma imoral. Eu não me tornaria uma vergonha. Eu seria alguém.

Lutando para aprender

No dia seguinte, fui até meu avô e pedi para ir para o internato. Meu sonho de ir embora com Soila estava acabado, mas eu ainda poderia escapar.

No entanto, ir para o internato era mais do que uma fuga. Era o sonho dos meus pais. Eu tinha ouvido a esposa do meu avô insultar meus pais por terem morrido em decorrência da aids. Porém, a vida deles foi muito mais daquilo que os matou. O maior sonho deles era a educação. Eu era uma menininha. Não tinha muito poder. Mas eu sabia que poderia aprender.

— Você não quer ficar com a gente? — questionou meu avô.

Eu não queria mentir para ele, mas também não queria magoá-lo.

— Vocês foram bons para mim, mas eu quero estudar.

Ele concordou. Seria complicado financeiramente. Mas ele sabia o quanto eu estava sofrendo com o luto e o quanto a educação significava para meus pais.

— Vamos tentar dar um jeito — garantiu ele.

— Vou me mudar para um lugar mais perto da cidade para poder trabalhar — falei.

Gostei da desculpa. A verdade é que depois daquela última surra, depois do insulto aos meus pais, eu tinha jurado não passar mais nenhuma noite sob aquele teto.

INTOCADAS

Desenterrei o pequeno estoque de moedas que havia guardado e escondido em um buraco na cozinha. Dei um abraço de despedida na minha prima Soila. Não me dei ao trabalho de dizer à esposa do meu avô que eu estava indo embora.

Meus irmãos moravam juntos em uma pequena casa e, embora estivesse lotada, abriram espaço para mim. Não era muito, mas era melhor do que ficar machucada no chão da cozinha.

Fui até o tio responsável por administrar o dinheiro do *harambee*. Inclinei a cabeça para lhe mostrar respeito, mas ele não a tocou em resposta à minha atitude. Não sei o que fiz para ofendê-lo (talvez fosse a vergonha que sentia por ter tirado tanto dos filhos de seu irmão, talvez algum ressentimento que escondeu do meu pai durante anos), mas ele não estava disposto a fazer aquele pequeno gesto para me acolher.

— O que quer? — perguntou ele.

Pedi minhas mensalidades escolares. Se ele não pudesse me dar o dinheiro imediatamente, ele poderia me emprestar? Quando conseguisse um emprego, eu poderia quitar o empréstimo.

— Volte amanhã — ordenou ele.

Quando voltei no dia seguinte, um dos meus primos disse que ele estava fora.

Voltei no outro dia e no próximo dia também. Ele nunca estava em casa.

Um dia, eu o vi de pé com alguns outros homens nos campos. Comecei a andar em direção a eles e ele virou as costas para mim. Percebi que nunca veria o dinheiro que meu pai havia reservado para nós.

Eu estava determinada a dar um jeito.

O internato mais próximo não era muito caro. A maioria dos estudantes são de cidades pobres e rurais do Quênia. Porém, para mim, a quantia parecia imensa.

As fazendas da região, aquelas que minha mãe ajudou a abrir, contratavam trabalhadores para ajudar por alguns xelins por dia. Trabalhei lá. Assim que eu entrasse no internato, poderia lavar roupas. Eu poderia fazer tarefas administrativas para meus professores e outros alunos. O que eu precisasse fazer, eu faria.

A tia Grace fazia lindos trabalhos usando contas. O povo massai era famoso por seus intrincados colares de contas. Ela os vendia para turistas e me deu parte do dinheiro.

Minha irmã, Soila, trabalhava nas fazendas ao meu lado. Ela me deu sua parte do dinheiro. Eu me senti mal por receber dinheiro dela (sua vida na casa do meu tio não era tão diferente da minha na casa do meu avô), mas ela queria que eu ficasse com o dinheiro. Ela queria que, ao menos, um de nós vivesse o sonho dos nossos pais.

— Além do mais — comentou ela —, se o tio descobrisse o dinheiro, ele pegaria como pagamento pela minha comida.

Todos nós juntos conseguimos arrecadar o suficiente (apenas o necessário) para que eu começasse a frequentar o internato.

Eu me senti mal por deixar a outra Soila, minha prima, sozinha com a esposa do meu avô. Mas, felizmente, ela se mudou logo depois que eu saí. De todas as crianças da minha família, nós duas, as que tinham que trabalhar para todo mundo, que muitas vezes não tinham comida suficiente, que apanhavam... fomos as únicas que conseguiram terminar o ensino médio.

Recomeço

O meu internato ficava a cerca de uma hora de carro de Kimana, muitas horas a pé.

Na minha primeira caminhada até lá, meu avô foi comigo. A escola exigia que seus alunos levassem um colchão de espuma, lençóis e uma toalha, e ele carregou meu material para mim. Já eu carreguei um pequeno pacote contendo roupas, alguns lápis e uma barra de sabão.

Os prédios do internato eram simples: blocos de concreto e reboco, telhados de metal, terrenos empoeirados. A escola era limpa e bem conservada. Não era um lugar com corredores cobertos de hera e salas de aula com painéis de carvalho, mas, quando vi aquelas estruturas simples, sorri e aprumei o corpo para ficar mais ereta. Os prédios simples pareciam grandiosos aos meus olhos. Eu aprenderia. Eu seria uma estudante de verdade.

Meu avô me deixou no portão.

— Nos deixe orgulhosos de você, Nice — pediu ele.

Pensei em sua bondade em me receber em sua casa. Pensei em seu sorriso quando me chamava de *twiga*. Nem me lembrei da esposa dele. Eu o deixaria orgulhoso, jurei a mim mesma. Balancei a cabeça, assentindo, e sorri, mas não disse nada em resposta. Eu sabia que se eu tentasse falar, acabaria chorando.

Nosso dormitório era uma grande sala cheia de beliches de metal. Encontrei uma beliche desocupada e fiz minha cama. Algumas meninas já haviam chegado e conversavam perto de seus beliches. Sorri para elas. Talvez eu devesse me preocupar com a possibilidade de não conseguir dar conta dos estudos. Talvez devesse me preocupar com a possibilidade de não me enturmar. Em vez disso, me sentia livre. Eu sabia que estava fora de perigo. Estava cercada de meninas que logo seriam minhas amigas. Ao longo da tarde, mais meninas chegaram, algumas tensas e rígidas, outras mostrando um grande sorriso. Até o final da tarde, a maioria de nós estava rindo uma com a outra.

No meu internato, as alunas viajavam de longe, percorriam muitos quilômetros de distância. Poucas meninas massai estudaram além da educação básica — até onde eu sabia, nenhuma da minha cidade. Assim, embora a escola estivesse em uma área predominantemente massai, a maioria das meninas e professores não era massai. A mutilação genital feminina é praticada em cerca de trinta dos mais de quarenta grupos étnicos quenianos. Muitos grupos que mantêm tal prática o fazem a taxas mais baixas que o povo massai. Logo, para as mulheres quenianas, a mutilação genital feminina não é uma prática universal. Pela primeira vez na minha vida, estive ao lado de meninas que não aceitariam o corte.

Algumas meninas ficaram curiosas, pedindo às meninas massai que haviam passado pelo corte, mas que ainda não eram casadas, que mostrassem suas cicatrizes. Elas puxavam nossas toalhas nos chuveiros, querendo nos comparar. Eu segurava minha toalha com mais força e tentava evitar aquelas meninas.

Até aquela provocação tinha o seu lado positivo. Ela me mostrou que havia outro caminho, que receber o corte não era uma coisa tão natural quanto sempre me ensinaram que era. Que talvez eu pudesse encontrar um jeito de não passar pelo corte e ainda ter um lugar ao sol.

Sem a longa caminhada de ida e volta para a escola, sem o trabalho constante, eu tinha tempo para estudar. Eu dormia melhor em uma cama e sem hematomas no meu corpo. Parei de pegar no sono durante a aula. Ainda tinha que trabalhar duro. Eu lavava roupa e ganhava dinheiro nos campos, mas a carga de trabalho nunca era desproporcional. Eu me tornei uma boa aluna e meus professores notaram.

Eu tinha uma professora de inglês, a srta. Caroline, que era a minha favorita. Ela era uma mulher alta e magra, era negra de pele clara e tinha belos cabelos longos. Ela estava sempre sorrindo, ainda que não tivesse receio de bater em nossas mãos se nos comportássemos mal.

Ela também era kamba, um dos maiores grupos étnicos do Quênia. Ao contrário dos massai, o povo kamba não pratica a mutilação genital feminina.

A srta. Caroline nos disse que sua porta estava sempre aberta. E, como eu não tinha nenhuma mulher adulta com quem conversar, aproveitei a deixa. Na primeira vez que fui à sala dela, fiquei do lado de fora da porta aberta. Eu a estaria incomodando? Eu cairia no conceito dela? Respirei fundo e, de cabeça baixa, lentamente entrei na sala.

— Posso conversar com você? — perguntei.

— Sempre, Nice, sempre — respondeu ela, sorrindo.

As palavras saíram apressadas da minha boca. Falei sobre o quanto sentia falta da minha irmã. Como sentia falta do meu avô. As aulas eram desafiadoras na minha nova escola. Muito mais desafiadoras do que as da escola diurna que eu havia frequentado antes. Além do mais, disse a ela que estava preocupada com a possibilidade de nunca conseguir acompanhar a turma. Estava preocupada, eu disse, com a possibilidade de não deixar meu avô orgulhoso.

Ela concordou e escutou, dizendo uma ou duas palavras para me encorajar, mas, no geral, ficou quieta.

Ela nem precisou dar conselhos. Quando terminei de falar, meu peito parecia mais leve. Acho que devo ter sorrido.

Em seguida, congelei. Percebi que estivera falando por quase uma hora. O que eu tinha feito? Ela me julgaria? Pensaria que eu era fraca?

— Nice — falou ela, inclinando-se na minha direção —, estou tão feliz por termos conversado. Espero que volte mais vezes.

Sorri. Eu com certeza voltaria.

— O que gostaria de ser quando crescer, Nice? — perguntou ela um dia.

Foi a primeira vez que um adulto me fez aquela pergunta. Não sabia o que responder.

A escola estava cheia de mulheres trabalhadoras. Muitas, inclusive a srta. Caroline, não tinham maridos. Elas pareciam felizes. Talvez, pensei, eu pudesse fazer alguma coisa na vida.

Adorava nossas aulas de inglês. A língua era irritante (por que *"caught"* (pegar) e *"cot"* (berço) têm uma escrita diferente enquanto *"tough"* (durão) e *"dough"* (massa) têm uma escrita similar?), mas eu me envolvia muito com o desafio que ela representava.

Depois da aula, a srta. Caroline me emprestava livros. Eram livros de segunda mão, muito manuseados, para crianças pequenas. Mas, para mim, eram preciosos. Conforme eu pronunciava cuidadosamente as palavras (ou ficava frustrada ao notar que a ortografia muitas vezes não tem relação com os sons que compõem as palavras), descobria um novo mundo.

— Estude muito — orientou a srta. Caroline quando eu devolvia cada livro e pedia outro. — Estude o suficiente para continuar sua formação. Pense nisso.

Eu pensei. Será que eu poderia terminar os estudos no internato? Será que poderia fazer faculdade?

Um dia, depois da aula, ela me pediu para ficar na sala.

— Nice — disse ela —, precisamos conversar.

Ela não estava sorrindo como sempre. Eu tinha feito algo errado? Será que eu tinha reprovado em algum teste?

— Já fui professora de meninas massai antes — anunciou ela.

Concordei com a cabeça.

— Nenhuma delas terminou os estudos. Elas vão para casa. Passam pelo corte. Talvez voltem por mais um mês ou dois, mas sempre deixam a escola. Tento falar com elas enquanto ainda são jovens. Digo a elas que há outras maneiras. Faço isso antes de abandonarem a escola e começarem a ter filhos. É isso o que você quer, Nice?

Com certeza não. Eu queria ficar na escola.

Eu era mais nova do que a maioria das garotas que passaram pelo corte. Geralmente, uma mulher massai observa sua filha. Quando ela começa a ficar alta, quando seus seios começam a crescer, ela sabe que é hora do corte. A mãe conversa com o pai da menina e ele organiza a cerimônia.

A cerimônia, geralmente, acontece pouco antes de uma menina entrar na puberdade. As meninas ainda são jovens, mas passam semanas com as mães, preparando-se para o que vai acontecer, reunindo coragem ao ouvir as histórias. Na medida do que é possível, as meninas são preparadas para algo tão terrível quanto a mutilação genital feminina.

Ninguém tinha falado com Soila e comigo sobre passar pelo corte. Então, achei que tinha tempo. Mas, em algum momento, o corte aconteceria.

— Tenho que passar pelo corte — falei baixinho.

— Isso significa ter que abandonar a escola? Pense nisso.

Eu sabia que meus pais queriam que eu passasse pelo corte, mas também sabia que valorizavam a educação. Eles jamais iam preferir que eu abandonasse a escola. Uma coisa impossibilitava a outra ou era uma tradição ultrapassada? Eu nunca tinha juntado as peças, mas talvez minha professora estivesse certa.

— Você realmente tem que passar pelo corte? — perguntou ela.

Eu tinha? Será que poderia evitar o procedimento? O pensamento me deixou animada, mas também foi assustador. Eu não deveria querer casar e ter filhos? Tinha algo de errado comigo?

— Tenho tempo — garanti. — O corte vai demorar alguns anos.

— O que for que decida — respondeu ela —, você sempre pode vir até mim.

Em fuga

Eu achava que tinha tempo. Quando cheguei em casa para passar as próximas férias escolares, porém, meu tio disse a Soila e a mim para irmos com ele até a casa do nosso avô. Ele raramente prestava atenção em nós. Então eu sabia que algo estava acontecendo. Agarrei a mão da Soila e a segurei com força.

— Está na hora de essas garotas passarem pelo corte — disse meu tio ao meu avô.

Quando ouvi aquelas palavras, me lembrei com muita nitidez da manhã em que minha mãe me levou para ver o corte pela primeira vez. A lembrança estava tão vívida que era como se tivesse acabado de acontecer. Eu me imaginei no centro daquele semicírculo, as mulheres ao meu redor, me segurando. Eu sufocando os gritos até que estivesse sozinha. Suportando a dor que todas as mulheres da nossa comunidade sofreram por séculos.

De repente, eu entendi que minha professora estava certa: assim que as cicatrizes estivessem curadas, meu tio me casaria com alguém. Eu ainda tinha apenas oito anos, prestes a completar nove. Não tinha idade suficiente para me casar. O homem poderia ter trinta anos ou até mais. Não haveria mais internato, e com certeza nenhuma faculdade. O mesmo aconteceria com Soila. Não conseguiríamos cuidar uma da outra. Nós não seríamos consideradas parte da mesma família. Uma meia-irmã já havia se casado. A outra tinha fugido com o namorado para outra parte do país. Nós éramos as únicas irmãs restantes.

Era aquilo. Seria o fim dos sonhos dos meus pais, assim como também dos meus sonhos.

Meu peito ficava apertado ao pensar que eu poderia ficar com um homem velho. Eu sabia que homens e mulheres faziam algo juntos em segredo, algo que os homens gostavam e as mulheres não. Será que meu marido esperaria aquilo de mim? Será que haveria uma primeira esposa com raiva de mim? O homem me espancaria? Eu teria que cozinhar, limpar e obedecer às suas ordens. Não haveria tempo para rir e brincar.

Meu avô hesitou.

— Tem certeza? — perguntou ele ao meu tio. Eu era alta. Tão alta quanto muitas garotas que passam pelo corte aos doze ou treze anos. Mas eu era tão jovem. Quando meu avô olhava para mim, via uma menininha magrinha que ainda chorava à noite pela morte dos pais.

Meu tio via outra boca para alimentar.

— Vamos precisar de carne para a festa — acrescentou ele. — Temos que pagar a mulher pelo procedimento. É melhor fazer o corte em todas as meninas de uma vez.

Ele tinha três filhas. Uma cerimônia para nós cinco sairia mais barato. E, como descobri muito tempo depois, ele queria lucrar em cima da Soila e de mim. Ele estava planejando receber nossos dotes.

Meu avô concordou. Tinha sido decidido.

Dois dias depois, na casa do meu tio, nossas roupas de mulheres adultas nos esperavam. Eram roupas lindas, um top vermelho brilhante e uma saia azul. Nada de roupa de segunda mão. Eu adorava a ideia de me vestir com roupas de uma mulher adulta.

Então vi a navalha. Minha boca ficou seca quando olhei para a lâmina afiada.

Minhas primas não demostraram medo; elas pareciam estar animadas. Elas eram mais velhas que Soila e eu. Estavam prontas para se tornarem mulheres. Também acho que elas estavam prontas para se libertarem da casa do meu tio. Ele as espancava e as surras eram piores do que as que eu tinha sofrido nas mãos da esposa do meu avô. Certa vez, ele bateu tanto em uma das filhas que ela tossiu sangue. Elas queriam fugir daquela casa, mesmo que aquilo significasse passar pelo corte.

A única com quem eu podia conversar era Soila. Minha irmã e eu ficamos acordadas até tarde da noite, falando aos sussurros.

— Estou com medo — confessei.

Soila passaria pelo corte ao meu lado, mas aquilo não era um conforto.

Quando nossos pais morreram, Soila segurou minha mão e me abraçou nas piores noites. Ela garantiu que eu comesse, manteve meu cabelo penteado e me encorajou a ir para a escola. Ela era só uma criança, mas me salvou. Ela era como minha mãe e minha melhor amiga. Se ela passasse pelo corte ao meu lado, significava apenas que eu a perderia.

— Todas as garotas passam pelo corte, Nice — respondeu ela, mas sua voz tremia tanto quanto a minha.

— Não quero me casar com um homem velho — falei.

— Talvez ele seja gentil.

— Ele vai tocar em você — continuei. — Pode te bater. Ele vai fazer você gerar um bebê.

— Vou ter uma casa.

— Você vai ter que trabalhar o tempo todo.

— Vou ter uma família.

— Nós somos uma família.

— Não temos escolha.

— Podemos fugir.

Minha irmã ficou em silêncio por um longo tempo. Percebo hoje em dia que ela provavelmente já era madura demais para acreditar na minha fantasia infantil de fuga. Mas ela podia ver como aquilo era importante para mim e estava apavorada. Nossa mãe também a levara para ver uma menina passar pelo corte.

Talvez, Soila deve ter pensado, se nós irmãs ficarmos juntas, temos uma chance.

Então, no dia da cerimônia, fugimos da casa do meu tio antes do amanhecer. Subimos, descalças, em uma árvore do lado de fora da casa dele para nos esconder. Estava escuro. Era a parte mais fria da noite, pouco antes do nascer do sol. Senti minha irmã tremendo ao meu lado, não sei dizer se de frio ou medo. As folhas eram grossas, mas não o suficiente para esconder duas menininhas quando o sol nascesse.

Podíamos ouvir os homens rindo e cantando, as vozes mais suaves das mulheres que começavam a chegar à casa do meu tio. A lua tinha se posto, então não conseguia ver ninguém, nem mesmo Soila que estava ao meu lado na árvore.

Sabíamos que se fugíssemos pelas estradas, os homens nos perseguiriam em motocicletas. Se corrêssemos no escuro, não conseguiríamos ver o caminho no mato. Nossa cidade era isolada. Estávamos cercadas por arbustos, espinhos, pedras e animais selvagens, como leões. E hienas. Nenhuma pessoa massai saía da vila à noite por causa das hienas. Elas podiam sentir nosso cheiro a três quilômetros de distância e rastreá-lo por trinta quilômetros, se necessário, até que a matilha enxergasse uma oportunidade.

Então, nos encolhemos em silêncio, esperando o nascer do sol.

Depois de uma hora, vimos nossas três primas virem se lavar com a água que havia sido deixada do lado de fora durante a noite para esfriar. Supostamente para anestesiar a dor, como se um pouco de água fria pudesse atenuar a agonia do corte. Então elas voltaram para a casa do meu tio. Soila e eu nos mantivemos tensas, movendo apenas nossos olhos.

Por favor, implorei em silêncio, *não olhem para cima.*

Podíamos ouvir os homens gritando nossos nomes e tentamos nos encolher ainda mais. *Por favor*, implorei cada vez mais, *por favor, não olhem para cima.*

Quando começou a clarear, corremos. Foram quinze quilômetros pelo mato até a casa da minha tia e mesmo quando começou a fazer calor, mesmo quando as pedras e os espinhos cortaram nossos pés descalços, não paramos para descansar.

Minha tia Grace nos acolheu. Ela tirou os espinhos de nossos pés e pernas. Em suaíli, os espinhos são chamados de "espere um pouco" porque se você não relaxar e puxá-los lentamente, vão te cortar muito. Soila e eu não podíamos esperar, não enquanto corríamos. Quando, por fim, paramos de nos mover, estávamos tão dilaceradas que não conseguíamos andar de dor. Depois do banho, dormimos a maior parte do dia. Estávamos feridas, mas seguras e inteiras.

Dois dias depois, os homens nos localizaram. Obviamente. Éramos crianças e nossos planos não incluíam nada além de fugir.

Minha tia era irmã da nossa mãe; ela nos amava. Porém, não havia nada que ela pudesse fazer.

Os homens nos arrastaram para fora.

— Vergonha! — gritaram eles. — Vergonha!

Eles nos xingaram, disseram que tínhamos constrangido a família, nos espancaram enquanto chorávamos pedindo para que parassem.

Minha tia teve que assistir, estremecendo a cada golpe.

Senti os golpes dos bastões e os punhos, mas pior, a humilhação. Os homens diziam que eu era uma aberração e uma covarde e eu me sentia como as duas coisas. As mulheres que não passavam pelo corte não faziam parte da comunidade. Elas nunca se casariam ou teriam filhos. Elas não eram consideradas mulheres.

Chorei. Sofri. Senti-me totalmente impotente. Assisti a Soila chorar ao meu lado e eu sabia que a culpa era minha.

Mas não me dei por vencida. Enxuguei as lágrimas e jurei que não demonstraria a minha dor.

Esconderijo

Eu tinha escapado do corte, mas sabia que era apenas temporário. Sabia que não poderíamos correr para a minha tia novamente. Meu tio impediu que os homens a espancassem. Mas, se ela nos acolhesse de novo, nada os impediria de fazê-lo e a comunidade se voltaria contra ela também.

Talvez eu devesse aceitar isso, pensei. Na minha comunidade, o corte era universal. Eu tinha que passar por ele em algum momento. Se eu concordasse em seguir em frente, talvez minha família me deixasse voltar para a escola e terminar os estudos.

Após as férias, voltei para o internato. Contei à srta. Caroline que eu tinha fugido. Perguntei a ela se tinha feito a coisa certa.

— Nice, já pensou sobre o que conversamos antes, sobre o que quer fazer da vida?

— Talvez ir para a faculdade — respondi.

— Se passar pelo corte — continuou ela —, acha que isso será possível?

Não. O corte não tira apenas um pedaço do corpo de uma mulher. O corte a torna apta para o casamento e para uma vida inteira de procriação e servidão. Destrói as esperanças e os sonhos de uma mulher. Se eu passasse pelo corte, o casamento viria em seguida.

131

Eu queria a minha liberdade. Estar tão perto de perder a oportunidade de estudar me mostrou aquilo.

Contudo, as mulheres massai dizem às meninas que, se não passarem pelo corte, nunca serão mulheres de verdade. Nunca se casarão nem terão filhos. Disseram que insetos cresceriam dentro do meu útero e me comeriam de dentro para fora. Que meu clitóris continuaria crescendo até passar dos joelhos.

A srta. Caroline me disse que eram apenas histórias da carochinha.

— Não passei pelo corte nem me casei — disse ela — e você vê algo de errado comigo? Você viu meus filhos. Eu os tive sem passar pelo corte.

Eu ainda não tinha certeza. Ela não era uma mulher massai. Talvez as regras fossem diferentes para nós. Eu confiava na srta. Caroline, mas ainda era muito jovem. Além do mais, o que poderia parecer bobo para uma pessoa adulta era pavoroso para uma menininha.

— Veja a Bíblia, Nice. Lá tem alguma coisa sobre o corte?

— Não sei — respondi. Nunca tinha ouvido uma história bíblica sobre o corte, mas talvez estivesse em uma parte desconhecida para mim.

— Não tem nada sobre isso. Não para meninas. Deus não nos teria informado dessa regra se quisesse que as meninas passassem pelo corte?

Eu sabia que ela estava dizendo a verdade. A Bíblia não menciona o corte. E o mundo não estava cheio de mulheres com clitóris pendurados abaixo dos joelhos ou úteros cheios de insetos.

Mas saber que ela estava certa e realmente acreditar eram coisas diferentes. Contavam aquelas histórias para mim desde que eu era criança. E minha mãe, minha avó… todas as mulheres da minha família, desde que eu podia me lembrar, passaram pelo corte. Que poder eu tinha para romper essa tradição?

Eu queria pertencer.

INTOCADAS

Eu evitava ir para casa. Geralmente, as pessoas massai realizam o corte em abril ou dezembro, durante as estações chuvosas. Há bastante carne e leite para a celebração e para ajudar as meninas a se recuperarem. E o clima está mais fresco. Eu ficava longe da minha terra natal naqueles períodos.

Sacrifício

Mas eu não tinha como evitar ir para a minha terra natal para sempre. E, assim que voltei, meu tio anunciou que estava na hora. Sem fuga. Sem desculpas. Eu havia humilhado a família. Ele determinou que eu não fizesse aquilo de novo.

Desta vez, houve menos cerimônia. A esposa do meu tio se sentou com Soila e comigo. Ela nos disse que tínhamos envergonhado a todos, que éramos covardes, que tínhamos que cumprir nosso dever. Não ganharíamos vestidos novos daquela vez. Não teríamos nenhuma lição sobre como nos tornar mulheres. Éramos apenas Soila e eu sozinhas em um quarto escuro. Aquele quarto era protegido por minha tia, que estava esperando para que nos tornássemos mulheres de manhã. Por fim, quando ela se convenceu de que estávamos dormindo, nos deixou sozinhas. Eu disse a Soila que eu fugiria de novo. Na primeira vez que fugi, não tinha certeza. Chegar tão perto do corte, de perder minha oportunidade de estudar e minha liberdade, mandou para longe aquela incerteza. Eu sabia naquele momento que fugiria mil vezes se fosse preciso. Eu não passaria pelo corte. Eu não me casaria. Eu iria para a escola.

— Venha comigo — pedi.

Soila ficou quieta. Ela estava morando em nossa cidade, morando com meu tio. Ela não tinha a oportunidade de estudar no internato. Se ela não passasse pelo corte, teria que conviver com pessoas constantemente a humilhando, dizendo que ela era covarde.

— Vai você — disse ela por fim.

Ela era a única família que me restava.

Balancei a cabeça.

— Não. Eu preciso de você.

— Eles vão nos pegar. Você sabe.

Eu sabia. Lembrava da última vez.

Eu sabia que daquela vez poderiam estar com raiva o suficiente para me segurar e me fazer passar pelo corte na mesma hora.

— Se uma de nós passar pelo corte, talvez eles fiquem satisfeitos — disse Soila.

Estava escuro. Eu podia ver apenas o contorno de seu rosto.

— Me deixe fazer isso por você, Nice — falou ela baixinho.

Ela falou com a voz da nossa mãe. Era como quando éramos menores e Soila me protegia dos valentões.

— Você pode voltar para a escola, Nice. Vou ficar aqui.

Eu sabia que ela estava certa. Sabia que não poderia fazê-la mudar de ideia, mas aquilo não facilitou as coisas. Eu não queria deixá-la.

Já estava quase amanhecendo. Se eu não fosse naquele momento, nunca iria embora. Corri para a mesma árvore e me escondi. Sozinha daquela vez, senti o frio mais forte e chorei. Eu queria voltar para perto da Soila, estar com ela, mas sabia que não podia. Enquanto esperava lá, podia ouvir as músicas. Eu sabia que mesmo se voltasse seria tarde demais. Ela já estava entregue.

Quando clareou, corri de volta para a minha escola. Era muito mais longe do que a casa da minha tia. Desta vez, ninguém estava comigo. Quando finalmente cheguei, já era fim de tarde. Minhas pernas estavam tremendo. Eu mal conseguia respirar.

Quando a srta. Caroline viu meus pés ensanguentados e as lágrimas escorrendo pelo meu rosto sujo de terra, ela não disse nada. Entendeu do que eu estava fugindo. Ela me acolheu, me limpou e fez curativos em mim. Em seguida, me abraçou e me disse para não me preocupar.

— Nice, você pode ficar comigo. Você está segura.

Falando o que penso

Meus tios foram me procurar novamente, daquela vez na casa da srta. Caroline. Ela manteve sua palavra e disse para eles irem embora.

Mas eu sabia que não poderia me esconder para sempre. Sabia que minha professora nem sempre estaria lá para me proteger. Eu poderia fugir mil vezes, mas, se não convencesse minha família a permitir que eu não passasse pelo corte e ficasse na escola, terminaria perdendo a minha liberdade. Eles poderiam me pegar, me segurar e fazer o corte à força. Nunca estaria a salvo de verdade.

Eu tinha que ter alguém do meu lado.

Nas próximas férias escolares, procurei meu avô. Curvei-me diante dele. Ele tocou minha cabeça em resposta.

Sentei-me à sua frente, as pernas esticadas na postura que uma jovem massai educada fica ao falar com um ancião.

— Avô, me desculpe por ter fugido — falei.

— Está pronta para passar pelo corte?

Balancei a cabeça.

— Quer dizer, sinto muito por não ter vindo até você. Não estou pedindo desculpas por não ter passado pelo corte.

As palavras escapuliram. Falei tão rápido que elas tropeçaram na minha língua pesada. Contei a ele sobre meus sonhos, como queria ir para a escola, como queria ser a primeira da família a ir para a faculdade. Disse a ele que estava com medo do corte. Disse a ele que estava com medo de me casar. Disse a ele que queria ser como meu pai. Contei a ele como orava a Deus todos os dias para que eu pudesse ficar junto com a Soila novamente. Como eu queria salvar o que restava da minha família. Como, se tentassem me forçar a passar pelo corte, eu fugiria e continuaria fugindo.

Eu nunca tinha falado daquele jeito com um ancião. Na verdade, nunca tinha falado daquele jeito com um homem. Eu estava sem fôlego quando terminei. Sei que não fui graciosa nem eloquente. Como meu pai, às vezes, fico com a língua pesada. Estava envergonhada por ter falado tanto, por ter sido tão desrespeitosa. Mas também me senti bem, porque eu tinha sido honesta.

Meu avô estava ouvindo, mas eu não tinha certeza se minhas palavras causariam impacto. Eu precisava que ele começasse a pensar do jeito que eu pensava.

— O que meu pai mais queria para seus filhos? — perguntei.

— Ele queria que vocês estudassem — respondeu meu avô.

— Todos os filhos dele estão tendo acesso à educação? — questionei.
Ele suspirou.

— Não deu certo para a maioria de vocês. Eu gostaria que tivesse dado certo.

— Se eu fizer o que meu tio quer, se eu passar pelo corte, terei acesso à educação?

— Vamos mandá-la de volta para a escola — garantiu ele. — Isso eu prometo.

— Obrigada, avô. Mas quantas meninas terminam a escola depois de ter passado pelo corte?

Ele ficou em silêncio por um tempo. Ele sabia que as meninas nunca se formavam.

— Vou deixar você terminar os estudos — disse ele por fim.

— Avô — falei baixinho —, tenho medo.

Ele olhou para mim e suspirou.

— Você ainda é muito jovem.

— Sim — confirmei, assentindo. — Preciso de tempo.

— Eu lhe darei seis meses — disse ele. — Volte para a escola. Eles não vão incomodá-la.

Meu avô era o mais velho. O resto da minha família poderia fazer cara feia para mim. Eles poderiam me xingar. Poderiam me excluir. Mas ele era o homem no comando. Com seu apoio, não poderiam me tocar.

Fui ver Soila na casa do meu tio. Depois que uma menina passa pelo corte, ela fica semanas se recuperando. Não há analgésicos ou antibióticos. Há formação de crostas, sangramento, muita dor e inflamação. Ela toma leite fresco, sangue e carne para ajudar o corpo a se curar. Muitas garotas até engordam um pouco. Soila tinha enfrentado tudo sozinha. Eu não estivera ao seu lado para passar por aquilo com ela. Quando cheguei em casa nas férias escolares, ela estava andando e de volta às suas atividades normais.

Nós nunca falamos sobre o que ela sentiu quando passou pelo corte. Quando a deixei na manhã da cerimônia, ambas sabíamos o que a esperava. Não precisávamos falar de seu sofrimento. Nós sabíamos.

— Sinto muito, Soila — falei. — Eu devia ter feito você vir comigo.

— Não — respondeu ela. — Não havia motivo para isso. Era o que eu queria.

Descobri depois que ela nem tinha titubeado. Não houve uma grande celebração na segunda vez; tínhamos causado vergonha para a família antes. Mas, quando Soila passou pelo corte, mostrou sua coragem aos nossos parentes.

Mas eu ainda me sentia culpada ao pensar nela sangrando e sofrendo sem mim.

Ela passou por aquilo da melhor forma possível. Não perdeu muito sangue. Não teve infecção ou complicações graves. A saúde dela não ficou prejudicada, mas ela nunca saberia o que é sentir prazer sexual. Ela sempre teria que se preocupar com os riscos à saúde no futuro.

E ela era oficialmente uma mulher massai, com todas as limitações que isso implica.

Após seis meses, voltei a visitar meu avô e pedi mais seis meses. Eu tinha apenas nove anos. Ainda era jovem demais para passar pelo corte. Ele aceitou o adiamento mais uma vez.

Não pude visitar Soila daquela vez. Nossa família fez com que ela se casasse. Por esse motivo, ela havia se mudado para outra vila. Ela não teve autonomia para escolher seu cônjuge, nem mesmo sequer se queria ter um cônjuge. Ela não controlava onde ou como a família viveria. Ela teve que construir uma nova vida com pessoas desconhecidas.

Imaginei-a sozinha, assustada. Eu não estava lá quando ela partiu com o marido; não houve cerimônia (embora meu tio tenha recebido um dote pela sua mão). Pode parecer estranho, mas fico feliz em saber que não houve casamento. Um casamento massai é um momento de lágrimas. A cerimônia teria sido triste. Além do mais, Soila e eu já tínhamos passado por despedidas o suficiente.

Aos doze anos, ela estava assumindo todos os deveres de uma mulher adulta. E ela teria que fazer aquilo sem nenhum rosto amigo para ajudá-la. As pessoas elogiam minha coragem por ter fugido, mas Soila é a pessoa que demonstrou a verdadeira coragem. Ela deve ter ficado com medo. Deve ter se sentido perdida e sozinha. Mas fez o que era necessário para sobreviver.

Além do meu avô, ninguém na cidade falava comigo. Fiquei com meus irmãos e irmãs, mas eles me ignoravam. Não ofereciam a comida deles e não comiam a comida que eu preparava. Eu os deixava envergonhados. As outras crianças corriam quando me viam chegando. As mulheres adultas sussurravam *"entapai"* quando eu passava por elas. Essa palavra significa "a pessoa que causou vergonha". Os homens não sussurravam. Eles falavam em voz alta. Queria que Soila (ou qualquer outra pessoa) estivesse ao meu lado.

Ao menos a esposa do meu avô não gritava comigo nem me batia. Ela agia como se eu não existisse.

A solidão e a vergonha eram suportáveis porque eu sabia que logo voltaria para a escola.

— Sobreviva a mais um dia — eu dizia a mim mesma.

Na próxima vez que visitei meu avô, pedi um ano de adiamento.

— Nice — começou ele —, nós somos pessoas massai. O corte faz parte da nossa cultura. Não podemos adiar o corte para sempre. Quantos anos você tem agora?

— Nove. Em breve, farei dez.

— Dez — repetiu ele.

Ele estava pensando consigo mesmo com serenidade. Aos dez anos, ainda era cedo para passar pelo corte.

— Por favor. Preciso de mais tempo — pedi.

— Já lhe dei tempo — respondeu ele.

— Vovô, quero deixá-lo orgulhoso. Quero deixar meu pai orgulhoso. Por favor, me deixe ficar na escola. Era o sonho do meu pai.

Ele ficou em silêncio por um longo tempo. Deixei que ele pensasse.

— Darei um ano a você — disse ele por fim. — Mas não adiarei para sempre.

Concordei com a cabeça. Era o máximo que eu podia pedir.

Naquela visita, meu avô permitiu que eu pegasse um ônibus para a nova cidade onde Soila morava.

Era uma pequena e típica cidade massai, com algumas casas agrupadas ao redor do curral central para os animais. As casas eram simples estruturas de barro e esterco que se derreteriam na terra quando as pessoas se mudassem para pastagens melhores. Não havia energia elétrica e as mulheres tinham que andar para buscar água e lenha. Todas as pessoas se conheciam e eram parentes por nascimento ou casamento.

O marido da Soila era velho, tão velho quanto nosso pai fora. Além do mais, ele tinha outra esposa e filhos. Soila estava grávida.

— Você pode ficar aqui desde que volte logo para a escola — disse ele para mim.

Depois daquilo, ele não falou comigo durante o resto da minha estada.

Com o marido na casa da outra esposa, Soila e eu passamos alguns dias sozinhas.

A casa dela era minúscula, pois se tratava de uma casa tradicional massai. Contudo, era tão limpa e bem conservada quanto a casa da nossa mãe. Ela cozinhava tão bem quanto nossa mãe também. Eu adorava o internato, mas a casa dela era um lar. Mas aí eu flagrava o marido da Soila fazendo cara feia para nós enquanto ele saía com seu gado e voltava a me sentir deslocada.

— Você vai ficar bem? — perguntei a ela.

— É a minha vida. — Ela deu de ombros.

Eu estava mais determinada do que nunca a não ter aquela vida.

Da próxima vez que meu avô e eu conversamos sobre o corte, pedi para adiar indefinidamente.

— Amo a escola — falei. — Já fui mais longe do que qualquer outra pessoa da família. Me dê a chance de terminar os estudos.

Eu não tinha mais a desculpa de ser jovem demais. Já tinha quase onze anos, uma idade normal para uma menina passar pelo corte e se casar.

Mas naquele momento eu tinha estudado mais do que qualquer menina que conhecíamos.

INTOCADAS

— O que seus pais diriam? — perguntou ele.

— Acho que ficariam orgulhosos de mim. O que meu pai diria se visse sua filha terminar o ensino fundamental?

Meu avô não disse nada.

— O que meu pai diria se sua filha fosse para o ensino médio?

Ele continuou em silêncio.

— Por favor. Se eu tiver acesso à educação, posso conseguir um emprego melhor. Posso ajudar a família inteira.

— Como você vai ser mãe e ter um emprego?

— Posso dar um jeito. Já cheguei tão longe.

Ele ficou em silêncio por mais um minuto.

— Ir para a escola é um sonho, Nice. Você está certa com relação a isso. Mas de que maneira vai honrar nossas tradições?

— Vovô, eu demonstro respeito ao senhor?

Ele sorriu.

— Você sempre foi uma boa menina.

— Então, por favor, me deixe fazer as coisas do meu jeito.

Ele olhou para mim. Eu poderia ser alta como uma *twiga*, mas ainda era magra como uma criança.

— Você ainda é jovem — disse ele. — Você perdeu tanto.

Ele assentiu para si mesmo enquanto falava, quase como se estivesse se convencendo.

— Toda mulher quer se casar — continuou ele. — Toda mulher quer ter filhos em algum momento. Vou deixar você decidir quando estiver pronta. Você vai cair em si.

Meu avô concordou em me deixar esperar o tempo que eu precisasse para passar pelo corte. Eu estava livre para terminar os estudos.

Liberdade

Soila e eu sempre fomos muito diferentes. Ela era caseira e séria. Eu era meio moleca e era sonhadora. Mas até o momento em que me recusei a passar pelo corte, nossas personalidades fariam pouca diferença na vida que levaríamos. Uma menina massai passa pelo corte, se casa jovem e passa a vida cuidando de outras pessoas. Soila ainda seguiria por aquele caminho.

Eu não tinha ideia do que faria. Eu tinha que estudar. Além do mais, não tinha certeza do que o futuro me reservava. Em alguns dias, me imaginava como uma modelo famosa, fazendo o que as modelos famosas faziam (experimentar roupas o dia todo?). Em outros dias, pensava que seria política, como meu pai. Não conseguia me imaginar conversando com homens desconhecidos, mas podia me imaginar escrevendo discursos importantes e vestindo terninhos elegantes. Mas, frequentemente, imaginava que me casaria com um belo homem massai que não se importaria que eu não tivesse passado pelo corte. Ele andaria ao meu lado, assim como meu pai andara ao lado da minha mãe, e falaria que eu era uma ótima esposa. Talvez fôssemos ricos o suficiente para contratar uma mulher para me ajudar a lavar a louça. Minha imaginação não foi tão longe a ponto de imaginar que um homem dividiria as tarefas doméstica comigo. Imagino que menininhas em todos os lugares do mundo sonhem acordadas sobre a vida delas. Para uma menina massai, era difícil fazer com que aqueles devaneios se tornassem realidade.

Nos primeiros meses depois que meu avô concordou em ficar ao meu lado, eu acordava ao ouvir sons leves durante a noite. Achava que os homens pudessem vir em motos para me arrastar para uma cerimônia forçada do corte e em seguida haveria um marido me esperando. Eu me escondia debaixo das cobertas e fechava bem os olhos, como qualquer garotinha que queria que os monstros fossem embora. A diferença era que meus monstros eram reais. Se eu me escondesse, aquilo não os faria ir embora. Eles me devorariam e eu desapareceria.

Durante o dia, ficava ao lado das minhas professoras, mesmo nos intervalos. Se meu tio e seus amigos viessem atrás de mim, eu precisava de alguém forte ao meu lado. Sempre que ouvia um carro ou moto se aproximando na estrada, ficava tensa e procurava pela melhor rota de fuga.

Mas, com o passar dos meses, nada aconteceu. Percebi que, embora meu avô não concordasse comigo, embora ele, possivelmente, me achasse um pouco desatinada, ele me apoiaria. Depois de alguns anos na escola, ele parou de me perguntar quando eu planejava passar pelo corte. Ele simplesmente se conformou com a minha decisão.

Não percebi quanto medo estava dentro de mim até que o medo desapareceu. Desde aquela madrugada em que minha mãe me levou para ver uma menina passando pelo corte, uma tensão esteve sempre em segundo plano nos meus pensamentos. Naquele momento, o peso se fora e tudo parecia um pouco mais fácil, um pouco melhor. Eu não passaria pelo corte. Estava livre de um jeito que nunca tinha vivenciado. Não tive que fugir ou dar desculpas infinitas para a minha família. Por fim, eu tinha um caminho livre a seguir.

Internato

Uma vez livre, a partir de então eu estava fazendo exatamente o que mais queria: aprendendo. Para as pessoas ricas do Ocidente que não dão valor à educação, é difícil entender a alegria resultante da liberdade de aprender. Atirei-me nos estudos e jurei aproveitar cada oportunidade.

Não estou dizendo que foi fácil. Sentia falta dos meus irmãos e irmãs, do meu avô e dos meus amigos que estavam na minha terra natal. Nossas professoras nos orientavam, nos ensinavam sobre disciplina, mas uma professora, por mais carinhosa que seja, não é família. Eu sorria quando as professoras me elogiavam. Elas se dedicavam a elogiar as meninas, mas tinham vidas e famílias próprias. Eu passava horas com a srta. Caroline, mas até ela tinha outras meninas para ensinar e dois filhos dos quais cuidar. Nem sempre podia vê-la quando queria. Havia muito mais meninas precisando de atenção do que professoras disponíveis.

Às vezes, por um momento, eu esquecia de que não poderia correr para os braços da Soila quando quisesse. Eu tirava uma boa nota em um teste ou uma professora elogiava um trabalho e eu sorria pensando o quanto Soila ficaria orgulhosa quando eu mostrasse a ela. Quando me lembrava de que eu não veria Soila tão cedo, provavelmente por meses, meu sorriso desaparecia. Aquilo aconteceu antes que os celulares se tornassem itens comuns. Além do que, Soila morava em uma casa tradicional sem telefone fixo. Quando eu não estava fisicamente com ela, não tínhamos como conversar. Cada vez que eu me lembrava de quão longe ela estava, sentia novamente a dor daquela perda.

Eu não tinha uma mãe para me ninar até eu dormir. Às vezes, acordava agarrada ao meu travesseiro, choramingando com a vontade de receber um toque gentil. Eu queria que Soila acariciasse meu cabelo e me ajudasse a voltar a dormir. Mesmo quando se está cercada por outras meninas, um dormitório escolar pode parecer um lugar muito solitário.

De certa forma, nós, meninas, tivemos que nos tornar nossas próprias famílias. Frequentei o ensino fundamental até os catorze anos e o ensino médio até os dezoito. Nós, meninas, ficávamos juntas o tempo todo. Crescemos sem a orientação de uma mãe, então fazíamos o que podíamos para ajudar umas às outras. Algumas meninas sabiam como trançar ou fazer penteados no cabelo e elas ajudavam o resto de nós a nos arrumarmos. Quando as mãos de outra menina estavam na minha cabeça, eu fechava os olhos e imaginava Soila trançando meu cabelo. (Eu tinha, convenientemente, me esquecido de que Soila puxava demais o meu couro cabeludo enquanto fazia as tranças.) As que sabiam costurar ensinavam às outras a pregar botões ou a soltar as bainhas dos nossos uniformes. Sempre tinha uma menina esperta com uma ótima memória que ajudava todas nós com nossa ortografia em inglês, já que a ortografia da língua inglesa não faz nenhum sentido. Não era a mesma coisa do que ter uma mãe ou uma tia amada, mas era um conforto.

Quando comecei a menstruar, sabia o que fazer porque tinha visto minhas colegas lidarem com seus fluxos menstruais. Os produtos de higiene feminina eram caros e difíceis de conseguir. Por aquela razão, as meninas da minha região do Quênia tinham que improvisar. Na minha terra natal, para conter o fluxo, uma mulher usava um pouco de pele, tecido ou não usava nada. Muitas mulheres simplesmente ficavam perto de casa quando estavam menstruadas. No internato, tínhamos colchões de espuma em nossos dormitórios. Durante cada ciclo menstrual, as meninas arrancavam um pequeno pedaço daquela espuma e usavam para absorver o sangramento. Com o passar dos anos, o colchão de cada menina ficava cada vez menor. O colchão ia se tornando menos confortável, mas, pelo menos, ela poderia estar na escola e não se preocupar com manchas de sangue.

Quando notei algumas gotas de sangue na minha calcinha, não entrei em pânico. Fiz o que tinha visto as outras garotas fazerem. Não era uma solução ideal, mas funcionava.

Mesmo com as outras meninas me ajudando, havia noites em que eu enfiava a cabeça no travesseiro, escondendo as lágrimas. Mas, à medida que envelhecia, não pensava tanto na minha terra natal. Já não seguia minhas professoras à procura de atenção. Estava ocupada com meus afazeres. As garotas ao meu redor eram amigas, não desconhecidas.

Tentava fazer amizade com todas as minhas colegas. De forma geral, conseguia me tornar amiga delas, mas algumas meninas eram especiais. Minha amiga Irene era da etnia luhya, um dos maiores grupos étnicos do Quênia. Ao contrário do povo massai, o povo luhya não praticava a mutilação genital feminina. Não conversávamos muito sobre o corte porque eu não gostava de falar sobre os problemas da minha terra natal. No entanto, ela sabia que eu tinha fugido. Naquelas noites em que eu não conseguia dormir, preocupada por imaginar que meus tios estavam me caçando, ela sussurrava:

— Não se preocupe, Nice. Estou aqui. Ninguém vai te pegar.

Partilhávamos nossa comida e nossas roupas. Eu a ensinava canções massai e ela me fazia rir com histórias sobre seus irmãos e irmãs mais novos.

INTOCADAS

Às vezes, eu ia para a casa dela nas férias. Embora Irene e eu fôssemos ambas quenianas, nossas casas eram diferentes. A família dela morava em uma casa de blocos de concreto e, embora agora eu perceba que era uma casa bastante modesta, parecia cara e sólida para mim na época. O povo luhya não era apegado ao gado: eles costumavam cultivar ou viajavam para as cidades e trabalhavam lá. Era estranho ver homens arando o solo; são as esposas que cuidam dos jardins das casas massai. Eu ajudava a mãe de Irene com as tarefas domésticas e com a comida; se eles fossem me receber em sua casa, decidi que não seria um fardo para eles. Os pais dela elogiavam a nós duas por nosso trabalho duro e nos alimentavam até ficarmos fartas.

— Lamento não poder levá-la para visitar minha terra natal comigo — falei a Irene. — Meus irmãos e irmãs mal *me* toleram em suas casas. Com certeza, não poderia levar outra boca para eles alimentarem.

— Você faz muito por mim, Nice — respondeu ela.

Eu não tinha nada a mais para dar a ela. Do que ela estava falando?

— Você me ajudou com meu trabalho na semana passada — lembrou ela.

— Aquilo foi fácil.

— Ah, talvez tenha sido fácil para você. Mas por que acha que eu precisava de ajuda?

Eu estava contente. Saber que eu poderia ajudar me fez sentir bem. Às vezes, ajudar nossos amigos parece um presente.

— Além disso, você não precisa me levar para outro lugar. Aqui é a nossa casa.

Ela estava certa. Juntas, as alunas construíram uma espécie de lar.

Na adolescência, já havia aperfeiçoado meu inglês e suaíli. A maioria dos quenianos instruídos é, no mínimo, bilíngue. Há ainda aqueles de nós que são trilíngues e falam línguas de minorias étnico-raciais, como o grupo maa.

149

Certa manhã, na aula de inglês, minha professora do ensino médio me perguntou:

— Nice, você gostaria de estudar computação no ano que vem?

— Gostaria — respondi.

Não foi um diálogo muito emocionante. Além do que, minha resposta, provavelmente, nem fora verdadeira (nunca me interessei muito por tecnologia). Contudo, de repente percebi que havia respondido sem traduzir. Eu não tinha me preocupado com os estranhos tempos verbais em inglês. Eu não tinha me preocupado se estava usando as palavras corretas. Eu apenas pensara na resposta e falara.

Eu percebi que sabia falar inglês. Sabia falar de verdade. Quando notei que podia pensar em todas as três línguas, peguei livros — quaisquer livros — e comecei a ler. Até economia parecia fascinante quando eu podia estudá-la em inglês. Eu, provavelmente, poderia ter lido um manual técnico (se houvesse algum exemplar ao meu alcance) e gostado. Tantas portas estavam se abrindo, tantas possibilidades.

Aprendi matemática, história e as matérias básicas. Por estar morando na escola, tinha tempo para me dedicar aos estudos. O trabalho doméstico era algo que eu tinha encontrado razões para evitar; o trabalho acadêmico, por outro lado, era uma alegria. Eu me saía bem. Comecei a notar que era boa fazendo coisas. Talvez não fosse tão preguiçosa quanto imaginava. A faculdade parecera um sonho distante quando eu era pequena. Entretanto, com o passar dos anos, a possibilidade se tornou real. Minha vida estava se desenvolvendo de maneiras que eu nunca poderia ter imaginado.

O dinheiro era escasso. Eu tinha que trabalhar fazendo coisas das quais não gostava (lavar roupas, capinar jardins, qualquer trabalho de meio período que eu encontrasse) para pagar pelos estudos, que era a atividade de que eu gostava. Nunca tinha o necessário; meias sem furos, desodorante e uma barra de sabão fresca eram luxos inéditos.

INTOCADAS

Eu juntava pedaços de sabão para formar novas barras e tomar banho. Escrevia com lápis tão pequenos que ninguém mais teria conseguido segurá-los direito. Pegava roupas de segunda mão das meninas mais velhas. Depois, as passava para as alunas mais novas.

As meninas notavam quando outras ficavam sem as coisas. Roupas, artigos de higiene ou material escolar apareciam no meu beliche. Ninguém dizia quem tinha deixado aquilo ali. Ninguém queria me fazer passar vergonha. Sempre foi algo para facilitar a minha vida. Nunca era muito (ninguém na minha escola era rica), mas parecia muito para mim.

— Minha mãe me mandou cadarços demais — dizia Irene. — Por que não pega um par?

Eu sabia que ela estava tentando me ajudar sem fazer parecer caridade. Mas meus cadarços ficaram tão curtos com os muitos consertos que eu mal conseguia amarrar os sapatos. Eu agradecia e aceitava o que estivesse sendo oferecido. Não havia motivo para orgulho. Era por meio de pequenas gentilezas que aquelas de nós com menos conseguiram terminar os estudos. Meus pais tinham dado aos outros quando podiam. Eu sabia que um dia poderia fazer o mesmo por outra pessoa.

Não foram apenas as meninas que ajudaram. Eu quase não tinha dinheiro suficiente para as mensalidades escolares. Quando estava atrasada com os pagamentos, a escola me dava um tempo extra. Às vezes, nem mesmo aquela ajuda era suficiente. Então eu ficava um tempo longe da escola para ganhar mais dinheiro. Quando eu voltava, sempre havia um lugar esperando por mim e minhas professoras me ajudavam a recuperar o atraso. No final, eu devia um pouco de dinheiro à escola, mas deixaram que eu me formasse ainda assim. Cuidávamos umas das outras.

Nas minhas lembranças, não são as coisas que eu não tinha que se destacam, mas o que eu tinha. As professoras faziam questão de nos ver aprendendo. Era um lugar seguro para crescer. As meninas compartilhavam o pouco que tinham para garantir que todas tivessem o suficiente. Era divertido aprender umas com as outras, compartilhar o que tínhamos para beneficiar a todas.

Não estou dizendo que tudo sempre foi às mil maravilhas. Algumas meninas provocavam umas às outras. Havia rivalidades. Elas brigavam por coisas mesquinhas. Éramos humanas e jovens. Éramos uma espécie de família, mas toda família tem as suas brigas. No final, o lado bom era maior do que o ruim.

Pela primeira vez, vi meninas crescerem e conseguirem empregos ou irem para a faculdade, algo que simplesmente não acontecia no lugar de onde eu viera. De vez em quando, em Kimana, um menino ia para a cidade grande, mas nunca uma menina. A faculdade era algo para europeus ou pessoas ricas de Nairóbi. Não era para meninas das vilas. Mas as minhas amigas do internato não eram estrangeiras ricas; eram meninas quenianas de zonas rurais como eu. Foi com sua mente e sua inteligência que elas sobreviveram. Se elas conseguiam, percebi que eu também poderia conseguir.

Um caminho diferente

Com o passar dos anos em que fiquei no internato, Soila se estabeleceu na vida em sua nova cidade. Todas as escolhas importantes em sua vida haviam sido feitas. Seu papel passara a ser o de esposa.

Até seu corpo não mais lhe pertencia. Em cinco anos, ela dera à luz três crianças, todos meninos. Ela ainda era adolescente (uma criança em grande parte do mundo), mas era responsável por seus próprios bebês.

Sua vida, como a da nossa mãe, tornou-se um trabalho constante: cuidar de três filhos pequenos, alimentar a família, cuidar do jardim, limpar a casa. Ao contrário do casamento da minha mãe, porém, o da Soila não era pautado no amor, mas na obrigação. Minha mãe trabalhava duro, mas também conhecia a alegria de uma parceria. Ela ficava satisfeita por saber que fazia o marido feliz. Ele sorria para ela, a tocava com gentileza, elogiava sua comida. Ela sabia que seu trabalho era valorizado e que ela era valorizada. Quando meus pais andavam, eles andavam lado a lado. Como com a maioria das mulheres massai, quando Soila caminhava, esperava-se que ela ficasse vários passos atrás do marido. Em um casamento sem alegria, o trabalho era simplesmente penoso.

Sua única felicidade eram seus três meninos. Eles eram lindos. Mesmo se não tivessem sido, seriam lindos aos olhos dela. Ela cantava as canções que uma mãe massai canta a respeito de seus meninos: destacando a força, a coragem, a rapidez e a inteligência deles.

Visitei Soila nas férias escolares quando eu tinha uns treze anos. Eu estava mexendo a farinha de milho na água para o *ugali* enquanto ela aparava o cabelo do filho mais velho. Seu bebê dormia em um suporte em suas costas. A terceira criança brincava na terra ao nosso lado.

— Que meninos lindos — comentei.

— Sim — concordou ela. — Gostaria de poder parar em três filhos.

Eu era adolescente, mas lia e conversava com as outras meninas da escola.

— Você pode evitar ter mais filhos — sugeri.

— Acha que meu marido vai me deixar em paz? — Soila riu. — Você vai aprender como as coisas funcionam quando se casar.

— Existem métodos contraceptivos.

Soila ficou em silêncio por um momento.

— Você não deveria saber sobre esse tipo de coisa.

— Não estou usando esses métodos, Soila. Mas descobri que existem. Não há nada de errado em aprender.

— Meu marido não vai fazer isso.

— Ele não precisa ficar sabendo.

Expliquei que havia formas de contracepção que ninguém, nem mesmo o marido dela, poderia ver. Poucas mulheres massai falam sobre métodos contraceptivos, mesmo entre si. Mas, na escola, panfletos e informações sobre saúde estavam amplamente disponíveis e, às vezes, palestrantes iam nos levar mais informações. Eu tinha acesso a um conhecimento que as mulheres da minha terra natal não tinham. Falar sobre controle de natalidade pode ter sido uma atitude indiscreta, mas era um assunto muito importante para que eu não abordasse. Eu sabia que Soila poderia assumir o controle da sua vida reprodutiva e sabia que Kimana tinha uma pequena unidade de atendimento de saúde.

Soila arranjou uma desculpa para ir à cidade — com o trabalho que ela fazia vendendo legumes, era mais do que crível. Ela não tinha dúvidas de que seu marido nunca teria concordado com a contracepção. Mas, felizmente, ela não precisava da permissão dele para usar os métodos. Na clínica, ela conseguiu uma injeção para evitar a gravidez. Se ela pudesse ir de vez em quando ao médico, nunca mais teria que ter outro filho. Ela não ficaria desgastada por nascimentos múltiplos, curvada e acabada aos vinte e cinco anos. Ela não teria que se preocupar em alimentar bocas demais. Ela poderia se concentrar em tornar a vida o melhor possível para seus três filhos.

Era um tesouro aquela pequena quantidade de poder que ela conseguiu ao controlar seu próprio corpo. Era um tesouro cometer um ato de transgressão mesmo que seu marido nunca ficasse sabendo o que ela havia feito. Era algo em que Soila podia se agarrar.

Mesmo com todo o trabalho que estava fazendo para a própria família, Soila tinha tempo para mim. Tínhamos pouco tempo juntas. Eu estava no internato e o acesso à casa dela era complicado. Ela era mãe e não podia deixar a família para me ver, mesmo que seu marido tivesse dado permissão.

Ela me dava o dinheiro que conseguia juntar. Tudo o que eu tinha a oferecer eram histórias sobre a minha vida.

— A Anna foge para encontrar o namorado. Ela acha que ninguém percebe que os botões da roupa estão todos fora do lugar quando ela volta — contei.

— Achei que vocês, garotas do internato, seriam espertas. Não me deixe pegar você fazendo essas bobagens — alertou Soila.

— Você não precisa se preocupar comigo.

Eu sabia que flertar com garotos não me ajudaria a terminar os estudos.

Eu lia meu livro didático de inglês para ela ouvir.

— Você está falando como uma *mzungu* — disse ela, usando a palavra em suaíli para descrever pessoas estrangeiras brancas.

— Obrigada.

— Eu não disse que era um elogio.

Eu ri; sabia que ela estava orgulhosa de mim. Soila nunca tinha aprendido inglês e eu era fluente. Contei a ela sobre minhas aulas, falei quais eram as melhores professoras. Conversamos sobre história, ciências e matemática.

Ela cuidava de mim como se fosse minha mãe. Disse para eu pentear o cabelo, passar creme na pele seca, manter meu uniforme mais limpo e bem passado. Eu fingia que isso me chateava, mas era bom ter alguém que se importava o suficiente com a minha vida para me importunar. Eu ainda a deixava de cabelo em pé sonhando acordada quando havia trabalho doméstico a ser feito, mas sua bronca era quase como voltar para casa.

Eu adorava ver seus filhos engatinhando, dando os primeiros passos, sorrindo para mim. Eu adorava a sensação de seus dedinhos minúsculos agarrando os meus e seu lindo cheiro de bebê. Soila era uma típica mãe massai, amorosa, mas severa. Como minha mãe, ela não tolerava bobagens. Eu estava livre para ser uma tia babona, aplaudindo os pequenos progressos de seus filhos, ouvindo-os tagarelarem e, geralmente, deixando que se safassem de castigos. Assim como meu pai, eu sempre tinha alguns doces no bolso quando as crianças estavam por perto. Soila me repreendia e dizia que eu estava estragando os dentes deles, mas eu via que, no fundo, ela estava feliz. Soila e eu amávamos aqueles garotinhos. Ficava maravilhada quando percebia que eles cresciam muito entre as minhas visitas.

INTOCADAS

Mas aquelas visitas eram poucas e esparsas. Quando eu estava fora, não tinha notícias da Soila. Hoje os celulares são comuns até mesmo nas menores cidades massai. Naquela época, porém, eu não tinha como falar com ela quando estávamos longe. Sentia falta da voz da minha irmã. Sentia falta da minha família. E sei que ela também sentia minha falta.

A verdade era que ela estava presa e eu estava me afastando.

Primeiros passos

Eu não queria que outras garotas tivessem que ser como a Soila, que as possibilidades fossem arrancadas delas quando ainda eram crianças.

Mas o que eu poderia fazer? A ideia de ajudar as meninas da minha comunidade era tão ousada quanto o plano do meu pai de ajudar o povo massai. Quem me ouviria? Eu era uma *entapai,* uma menina que envergonhara a própria família. Por anos, nem a minha família quis falar comigo; Soila era a única amiga que tinha na minha terra natal.

Quando eu tinha catorze anos e fui para o ensino médio, decidi que era hora de tentar convencer outras garotas a fugir.

Quando eu me aproximava das meninas reunidas do lado de fora de suas casas, elas fingiam que eu não estava lá. Eu tentava caminhar com elas quando pegavam lenha ou água para as mães, mas aceleravam o passo e mudavam de direção toda vez que eu chegava perto. Tentava falar com elas depois da missa e elas simplesmente reviravam os olhos e iam embora. Por um ano, tentei em todas as férias e feriados e todas aquelas tentativas foram malsucedidas.

Minha oportunidade chegou por causa das roupas. Meu uniforme do internato era uma saia e uma blusa — roupas adultas. As meninas da

INTOCADAS

minha cidade não iam além do ensino fundamental e seus uniformes eram vestidos de aparência infantil com golas grandes.

— Gostariam de usar roupas assim? — perguntei a elas um dia, enquanto girava a saia para mostrar o efeito.

Mesmo assim, elas não falaram comigo e muito menos disseram sim. Mas vi o interesse no rosto delas. Ficar em cima falando sobre algo cansa rapidamente, mas muitas meninas estão interessadas em parecer adultas o mais rápido possível.

Os pais diziam às filhas para não falarem comigo; eu era má influência. Por sorte, as meninas nem sempre ouvem tudo o que os adultos dizem a elas.

— Tudo bem, vou falar com você — disse uma delas —, desde que ninguém veja.

Algumas outras assentiram.

— Mas — complementou a garota que havia falado — não vamos ficar por muito tempo.

Nós nos encontramos sob a sombra de uma árvore fora da cidade. Contei sobre a escola, sobre a liberdade que eu tinha lá. Contei a elas que não precisava andar quilômetros para buscar água ou gravetos para a minha mãe. Não tinha que carregar meus irmãos mais novos no quadril. Eu podia ler e ninguém me mandava parar. Se eu quisesse, poderia ficar conversando a noite toda com uma amiga — não que eu fizesse isso, mas poderia fazer se quisesse.

Não disse a elas para não passarem pelo corte. Em vez disso, perguntei a elas o que queriam fazer da vida. É uma pergunta à qual não estavam acostumadas. A vida delas já estava decidida porque eram meninas. Elas aprenderiam suas obrigações com as mães, passariam pelo corte e, ainda na pré-adolescência, se tornariam mães.

Algumas das meninas queriam dirigir ônibus cheios de turistas. Algumas pensavam em ensinar crianças pequenas. Outras queriam ser guardas-florestais. Não sonhavam em ser médicas, professoras universitárias ou políticas; seus sonhos mais ousados eram apenas empregos normais que os homens ao seu redor tinham. Seus sonhos eram modestos, mas, para elas, pareciam quase impossíveis.

— Acham que podem fazer essas coisas e passar pelo corte? — perguntei.

Eu podia ver a animação em seus rostos, as possibilidades iluminando o olhar. Não é à toa que os pais não queriam que as filhas conversassem comigo. Eu era um exemplo. Era aí que estava o perigo.

— Pensem nisso enquanto eu estiver fora — pedi. — Vou pensar em um plano.

Voltei para a escola. Nos meses seguintes, tentei conceber uma maneira de ajudar as meninas a fugirem. Eu não tinha casa própria e não tinha dinheiro. Quando estava em nossa cidade, morava com meus irmãos e irmãs. Eles mal me toleravam, não aceitariam esconder as meninas em casa e colocar a própria reputação em risco. Eram jovens pobres vivendo com uma *entapai* desatinada; não precisavam despertar mais hostilidade nos vizinhos.

Visitei tia Grace e disse a ela que queria que as meninas fossem poupadas da mutilação genital feminina.

— Elas podem ficar aqui — disse ela. — É meu dever como cristã.

A tia Grace morava longe o suficiente da nossa cidade para que ninguém pensasse em procurar as meninas lá. Aquilo funcionaria pelo menos por alguns dias. Não era uma solução de longo prazo. Uma vez que as pessoas descobrissem que ela estava abrigando meninas, seria pressionada a parar. Era possível que houvesse algum tipo de violência. Mas, pelo menos por um tempo, as meninas teriam para onde ir.

Na próxima vez que voltei para a minha terra natal, sete meninas estavam dispostas a conversar comigo. Contei a elas sobre a tia Grace e como ela me abrigou quando precisei uma vez. Com a ajuda dela, poderia dar tempo a elas para conversar com suas famílias.

INTOCADAS

— Existe a possibilidade de que vocês não precisem passar pelo corte — falei.

Elas não passariam pelas mesmas coisas que eu passei. Não teriam que correr na escuridão. Não fugiriam minutos antes da cerimônia. Em vez disso, quando saíssem para buscar água, deveriam continuar andando e não voltar.

Ninguém estava pronta para fugir, mas as meninas disseram que pensariam a respeito.

Voltei para a escola. Nas minhas férias seguintes, cinco das sete meninas decidiram que não queriam ser submetidas à mutilação genital feminina. Duas das cinco disseram que suas mães apoiavam a ideia. Embora o corte seja algo planejado para as mulheres massai, isso não significa que todas elas queiram que as filhas passem por isso. Aquelas meninas contaram aos pais sobre mim e como eu estava indo bem nos estudos no internato. Elas não teriam que fugir.

Três meninas fugiram.

As pessoas da cidade suspeitavam de que eu estivesse por trás da fuga delas. Tentamos ser discretas, mas as pessoas tinham notado que eu me aproximava para conversar com as meninas. Ela terem fugido depois era muita coincidência.

Naquela noite, os parentes das meninas foram à casa dos meus irmãos, onde sabiam que eu estaria hospedada durante as férias escolares.

— Onde elas estão? — perguntaram eles, diante da porta. — O que fez com elas?

Eu era uma adolescente magra. Os parentes eram todos homens, todos maiores e mais fortes do que eu. Não respondi.

— Venha aqui fora — disse um dos homens.

Meu irmão me empurrou para o lado. Ele ficou na frente da porta. Ele não falava comigo desde que me recusara a passar pelo corte.

— Você quer encostar nessa mulher? Vai ter que encostar em mim primeiro — disse ele.

Os homens lentamente começaram a se afastar. Quando se foram, agradeci ao meu irmão. Ele acenou com a cabeça, sem falar nada. Fechei a porta.

Não queria a minha comunidade contra mim. Contudo, sabia que tinha que salvar nossas meninas. Só tinha que encontrar um modo melhor de fazer aquilo.

Amref

Daquele primeiro grupo de sete, duas meninas passaram pelo corte, duas convenceram suas famílias a deixá-las permanecerem na escola e três fugiram. As meninas que fugiram acabaram convencendo suas famílias a não submeterem-nas ao corte ou encontraram abrigo em outras casas.

Eu não era a única pessoa lutando pelas meninas. Havia escolas especiais que acolhiam meninas fugindo da mutilação genital feminina (uma informação que teria sido útil para mim quando fugi). Havia professoras em internatos (mulheres como minha professora de inglês, a srta. Caroline) que ofereciam abrigo para as meninas. Havia ONGS trabalhando para banir o corte. Mas aquelas pessoas e aqueles recursos não estavam em toda parte. Na minha cidade, eu era a única pessoa lutando.

Sempre que eu ia para minha terra natal, falava com mais meninas. Não tive um sucesso estrondoso (apenas uma garota aqui, outra ali), mas senti que estava progredindo. Nem sempre as coisas corriam bem. Uma vez, tive que esconder uma menina debaixo da minha cama enquanto a família dela a procurava em nossa casa. Mas estávamos avançando.

Quando eu tinha cerca de dezesseis anos, estava conversando com algumas meninas quando um homem chamado Peter, do *African Medical and Research Foundation* [Fundação Africana de Medicina e Pesquisa], conhecida como Amref, me viu pela primeira vez. A Amref é uma organização que trabalha em prol da melhoria dos cuidados de saúde no continente africano. Lá estava eu, uma garota ainda na escola, sem nenhum diploma, sem nenhum conhecimento especializado. Porém, estava fazendo uma pequena contribuição para que as coisas mudassem. O Peter percebeu. Se eu tivesse coragem de me posicionar, talvez eu tivesse o perfil para trabalhar na Amref.

Ele foi até os anciãos e perguntou se eu poderia trabalhar com ele.

A Amref já havia abordado os anciãos da nossa comunidade na esperança de encontrar um menino e uma menina para ensinar nossos jovens sobre saúde. Nenhuma das meninas do vilarejo havia passado do ensino fundamental. Mesmo que tivessem, os anciãos nunca teriam permitido que recebessem treinamento. Uma menina deve ser recatada, quieta e, acima de tudo, obediente. Uma menina desempenhando a tarefa de ensinar outras não teria características assim. Falar sobre a contracepção, o pré-natal e a prevenção de doenças sexualmente transmissíveis (uma parte necessária da educação em saúde) poderia corrompê-la. Os anciãos rejeitaram a oferta da Amref.

Apesar daquela rejeição, os anciões sabiam que a Amref tinha algo a oferecer. O HIV, vírus causador da aids e outras infecções sexualmente transmissíveis, era um problema que nosso povo conhecia, mas não falava a respeito. As vacinas podem prevenir doenças em nossas crianças e nossos idosos. O aconselhamento de higiene e a nutrição podem prevenir doenças e melhorar a saúde. Os anciãos queriam que as pessoas tivessem aquele conhecimento e, com a ajuda da Amref, sabiam que as pessoas poderiam aprender. Peter disse aos anciãos que eu poderia ser a professora e, daquela vez, eles concordaram. Eu

INTOCADAS

era uma *entapai*. Permitir que eu passasse pelo treinamento não me corromperia porque eu já estava corrompida.

Juntamente com um jovem chamado Douglas, passei pelo treinamento. Como eu, Douglas estava no ensino médio. Embora ele não tivesse sido o primeiro menino da nossa comunidade a frequentar a escola, ainda assim foi uma conquista. Ter acesso à educação era uma luta para todas as pessoas massai, tanto homens quanto mulheres.

Douglas era alto e magro, um típico jovem massai. Mas ele não era um rapaz comum. Estava determinado a ir para a faculdade. Estava determinado a trazer mudanças. E, ao contrário da maioria dos homens massai, estava disposto a ter uma mulher como colega de trabalho. A Amref nos levou para as sessões de capacitação. Lá, pares de adolescentes de toda a minha região do Quênia ouviram palestrantes que falaram sobre cuidados preventivos de saúde, higiene, doenças infecciosas e empoderamento feminino. Eles nos deram panfletos para ler e levar para casa. Os palestrantes estavam empolgados e, enquanto os ouvia, fiquei animada junto. Sim, havia mais a ser feito do que eu jamais poderia ter imaginado. Mas, ao ouvir os palestrantes da Amref, pensei que a mudança parecia possível.

A Amref queria que aprendêssemos a liderarmos grupos comunitários de jovens. Meninas e meninos se reuniam e aprendiam sobre saúde, depois voltavam para casa e ensinavam seus anciões. Eu sabia que os grupos de jovens nunca dariam certo na minha comunidade. Os pais nunca deixariam seus filhos participarem de reuniões mistas. Mas, mesmo que aquele plano específico não funcionasse para nós, as informações fornecidas pela Amref eram boas. Eles nos ensinaram a liderar reuniões, a iniciar discussões e a direcionar as conversas. Eles nos ensinaram sobre controle de natalidade, vacinas, melhoria da água e saneamento, e como tornar o parto mais seguro.

Eles nos ensinaram aonde ir para encontrar soluções para os problemas da região. As ONGS, as empresas privadas e o governo queniano ofereciam assistência para alguns dos problemas que enfrentávamos. Porém, se as pessoas não soubessem onde obter aquela ajuda, não adiantava.

Por exemplo, a menstruação é uma enorme questão na vida das meninas quenianas, mas os produtos higiênicos quase nunca estão disponíveis. Além do que, quando estão, são absurdamente caros. As mulheres improvisavam, como fazíamos na escola com nossos colchões de espuma. No entanto, existem soluções melhores. Por meio da Amref conheci os *Afripads*, produtos higiênicos reutilizáveis. São simples almofadas de pano absorvente, costuradas por mulheres no continente africano, para serem abotoadas em volta da roupa íntima. As mulheres colocam de molho, lavam e reutilizam muitas vezes. Nas regiões em que os *Afripads* estão disponíveis, eles tiveram um impacto tremendo: as meninas que tiveram acesso aos *Afripads* reduziram até 44% as faltas escolares. No entanto, ninguém na minha cidade sabia sobre eles até que a Amref forneceu o conhecimento e eu compartilhei a informação com a minha comunidade.

Os anciões esperavam que eu ajudasse a melhorar os cuidados básicos de saúde; acredito que eles não imaginavam que evitar a mutilação genital feminina fazia parte daquela melhoria básica. Eu já sabia que o corte era doloroso, mas tinha muito a aprender sobre os riscos do corte. Quando uma menina sangrava até a morte ou pegava uma infecção devido ao corte, as pessoas diziam que ela estava amaldiçoada ou que tinha outra doença. Aprendi que as infecções aconteciam devido ao procedimento ser feito com utensílios não esterilizados. O corpo de uma menina poderia entrar em choque com o corte e, se não fosse tratado (e não haveria tratamento), ela poderia morrer. Fiquei sabendo que o corte poderia causar uma hemorragia fatal. Aprendi que, mesmo que a menina sobreviva ao procedimento inicial, ela pode desenvolver muitos outros problemas: cistos, abscessos, incontinência urinária ao longo da vida e dores crônicas durante o sexo. As complicações de infecções recorrentes poderiam causar infertilidade. Algumas mulheres podem ter complicações durante o parto. Eu já era contra o corte; o treinamento me mostrou o quanto o procedimento era pior do que eu imaginava.

O povo massai via os resultados negativos da mutilação genital feminina, mas sempre houve desculpas e explicações. A partir daquele momento, eu poderia recorrer à ciência para mostrar a eles que as desculpas eram inaceitáveis. Armada com meu novo conhecimento, convenci mais algumas meninas a não se submeterem ao corte. Não muitas, certamente não o suficiente, mas algumas. Percebi que poderia fazer a diferença. Acabei trabalhando como voluntária na Amref durante o ensino médio inteiro. Decidi que seria a primeira da minha família a fazer faculdade. Depois de formada, usaria meu conhecimento para servir ao povo massai. Eu lutaria para garantir que todas as garotas tivessem uma chance. Eu encontraria a minha vocação.

Uma viagem de ônibus que mudou tudo

Eu sabia que, se quisesse trabalhar com ONGS para ajudar o povo massai, precisaria de uma formação. Me formei no ensino médio quando eu tinha cerca de dezoito anos e decidi ir para a faculdade. Eu não sabia ao certo como uma pessoa escolhia ou se matriculava em uma faculdade. Nenhuma outra menina onde eu morava tinha ido para a faculdade. Pouquíssimos meninos da região também. Ninguém na minha família tinha permanecido na escola além do ensino fundamental. Na América do Norte e na Europa, os adolescentes podem ver a classificação das faculdades, pesquisar on-line e perguntar a seus conselheiros escolares. Eu não sabia de nada daquilo. As pessoas de famílias instruídas podem perguntar a seus pais ou, pelo menos, a algum parente ou vizinho. Eu não tinha ninguém para responder às minhas perguntas.

Então arrisquei e peguei um ônibus para Nairóbi. Eu tinha uma pequena bolsa com algumas roupas, o primeiro celular que tive e todo o dinheiro que consegui economizar — o suficiente, eu imaginava, para arcar com mensalidades e uma cama. Fiz uma pequena oração, rezando para estar fazendo a coisa certa.

INTOCADAS

O ônibus estava lotado e quente. As janelas estavam abertas; embora aquilo ajudasse a refrescar um pouco, também deixava a poeira entrar. A estrada para Nairóbi ainda não tinha sido pavimentada. O que hoje é uma viagem de três horas demorava um dia inteiro.

— Sente-se aqui — ofereceu um soldado, apontando para o assento vazio ao lado dele.

Hesitei, sem saber se deveria me sentar ao lado de um homem desconhecido. Mas era uma longa viagem, o ônibus estava lotado e ele parecia confiável.

Ficamos sentados em silêncio por um tempo. Mas, quando o ônibus sacudiu depois de passar por um enorme buraco, me sobressaltei.

— Você está bem? — perguntou ele.

— É uma viagem turbulenta — ofereci como resposta, rindo de mim mesma.

— Você vai se acostumar com isso — comentou ele. — É melhor do que o trânsito de Nairóbi.

Relaxei um pouco.

— Você vai a Nairóbi com frequência?

—Frequência demais — respondeu ele. — Mas lá tem alguns pontos positivos. Por que está indo para lá?

— Faculdade.

— Onde?

Eu tinha vergonha de admitir que ainda não tinha escolhido uma faculdade. Pelo uniforme, dava para notar que ele era um oficial. Então eu sabia que ele tinha alguma formação. Respirei fundo e decidi que me sentar ao lado dele não devia ter sido uma coincidência.

— Para ser honesta, uma ajuda cairia bem.

Na longa viagem até Nairóbi (ele não estivera errado sobre o trânsito), conversamos sobre minhas ambições. Eu queria passar a vida trabalhando para ajudar o povo massai a progredir. Queria ajudar, principalmente, as mulheres massai.

— Você precisa ir ao Instituto de Administração do Quênia — aconselhou ele. — Quando chegarmos à Nairóbi, me deixe levá-la até lá.

Ele me acompanhou da rodoviária até a faculdade. Foi uma caminhada de cerca de meia hora. Ele até ligou para alguns amigos para tentar me ajudar a encontrar pessoas para dividir um quarto. Agradeci a ele, que disse que não era problema nenhum. Mas eu sabia que não era verdade. Ele tinha passado um dia inteiro ajudando uma garota do campo completamente perdida.

— O importante é você ir bem na faculdade — disse ele ao se despedir de mim.

Nunca mais o vi. Então, nunca pude retribuir o favor, mas sempre serei grata.

Se ele não tivesse me ajudado, não sei o que teria feito. Usei o conselho de um desconhecido para tomar uma das decisões mais importantes da minha vida. Balanço a cabeça quando penso o quanto eu era insensata e ingênua. Segui um estranho em uma cidade desconhecida. Talvez Deus estivesse cuidando de mim. Talvez eu tenha tido sorte e encontrado um homem bem-intencionado e informado. No entanto, tomei a decisão certa.

Entrei no escritório principal e perguntei como fazer para me matricular. A resposta foi papelada. Muita papelada. Passei horas naquele dia e no dia seguinte no escritório, preenchendo formulários e lendo-os duas ou três vezes para ter certeza de que minhas respostas estavam corretas. Nenhuma das perguntas era muito difícil, mas eu não queria perder a vaga por um detalhe técnico.

A cada hora mais ou menos, eu voltava até a recepcionista e pedia ajuda. Pela paciência dela, dava para notar que eu não era a primeira pessoa de uma cidade pequena que tinha chegado lá sem muita noção do que fazer.

INTOCADAS

— Não se preocupe — assegurou ela quando finalmente entreguei a pilha de papéis toda preenchida. — Daqui em diante, as coisas ficam mais fáceis.

E assim me tornei a primeira pessoa da minha família a se matricular na faculdade.

Nairóbi

Eu tinha visitado Nairóbi com meu pai quando era criança. Mas estar lá sozinha, sem a mão de um adulto para me guiar, era uma experiência nova. Na minha terra natal, um prédio de três andares era um arranha-céu. Nairóbi tinha grandes torres de vidro e conjuntos habitacionais com milhares de pessoas. Nas ruas de Nairóbi, pela primeira vez na vida, vi uma mulher dirigindo. Tive a impressão de que ela estava à vontade — até mesmo entediada, como se estivesse fazendo algo completamente normal. Fiquei olhando, atônita, apreciando aquela imagem. Então notei dezenas de mulheres ao volante e percebi que era, de fato, algo completamente normal.

Na minha terra natal, reconhecia todas as pessoas por quem eu passava e a caminhada demorava um pouco porque tinha que parar e conversar com várias pessoas ao longo do caminho. Nairóbi era uma cidade de desconhecidos. Rapidamente descobri que se você falasse com uma pessoa na rua, ela pensaria que você tinha perdido o juízo. Eu ouvia dezenas de idiomas nas ruas, mas raramente escutava alguém falando *maa*. Diariamente, eu via mais pessoas do que encontraria na minha terra natal em uma vida inteira. Porém, nunca me senti tão sozinha.

INTOCADAS

Havia oportunidades em Nairóbi, mas também havia perigo. Você tinha que manter qualquer coisa valiosa escondida em um bolso ou sob a blusa. Hectares de favelas se aninhavam a condomínios fechados cheios de espaçosas casas com ar-condicionado. Tive que me acostumar a comprar o leite em um supermercado localizado em um shopping cheio de seguranças em vez de obtê-lo direto da vaca. Tive que aprender a ignorar o lixo e a sujeira. Havia arame farpado e um controle de segurança na entrada de cada prédio. Descobri que morar na cidade grande significava pagar por tudo. Desde um espaço no colchão até a água que se bebia e, geralmente, se pagava caro.

Eu não tinha me planejado para os altos preços de uma cidade grande. Eu tinha me esforçado muito para pagar as taxas do internato, mas Nairóbi era ainda mais cara. Com a ajuda daquele soldado, encontrei um quarto com duas outras meninas em uma casa em Land Mawe e nós três dividíamos uma cama e um pequeno fogão. Land Mawe não é bem uma favela, mas é uma área pobre. As pessoas vivem muito espremidas. Você tem que vigiar suas coisas o tempo todo ou elas vão se levantar e passear por aí. Lavava minhas roupas à mão e as pendurava ao sol. Um dia, decidi entrar em casa para estudar enquanto minha saia e blusa secavam. Quem roubaria roupa molhada? Descobri que alguém roubaria. Então tive que me virar com ainda menos roupas para vestir do que o pouco que eu tinha levado.

Não aguentei muito tempo vivendo ali. Mesmo que a área fosse relativamente barata, eu não podia pagar. O asfalto rapidamente desgastou meus sapatos. O leite custava três a quatro vezes mais do que na minha terra natal. Um saco de fubá para fazer *ugali* podia facilmente consumir meu orçamento semanal. Se alguém tivesse encontrado uma maneira de nos fazer pagar pelo oxigênio, tenho certeza de que aquilo teria sido cobrado também. Fiquei sem conseguir pagar o aluguel durante uma semana e depois o mesmo aconteceu em outra semana. Logo, as outras meninas me pediram para

173

sair. Elas também estavam passando aperto e não podiam bancar a minha parte do aluguel.

Eu sabia que um jovem da minha cidade morava ali perto. Éramos do mesmo clã. Então, de certa forma, éramos da mesma família. Pedi a ajuda dele para encontrar um lugar que eu pudesse pagar. Contei a ele o quanto estava assustada. Eu tinha ouvido histórias sobre o que poderia acontecer com uma garota sozinha em Nairóbi.

— Você vai ficar conosco — afirmou ele.

Ele morava de aluguel em um pequeno quarto com dois outros homens. Ambos eram homens massai da nossa região. Eles compartilhavam uma cama de solteiro e um pequeno fogareiro para cozinhar a comida. Morar com três homens solteiros era um risco enorme. Sei que minha família ficou escandalizada — eu mesma fiquei escandalizada. Ainda não consigo acreditar que fiz aquilo, porém confiei neles. Naquela cidade gigante e solitária, eles eram a família mais próxima que eu tinha. Eles mal tinham o suficiente para si, mas sabiam que eu não tinha para onde ir.

De alguma forma, nós quatro conseguimos viver naquele pequeno quarto. Eu ficava com a cama à noite. Eles, por sua vez, dormiam em um colchão fino no chão. Eu me ofereci para dormir no chão, mas eles se recusaram categoricamente. Eles penduraram um lençol dividindo os espaços para que eu pudesse ter um pouco de privacidade.

Sempre que eu ganhava algum dinheiro, entregava para eles. Eu cozinhava para eles, ajudava a limpar suas roupas (fazendo questão de esperar por perto enquanto secavam) e fazia tudo o que eu podia para garantir meu sustento. Mas eu sabia que eles estavam me ajudando muito mais que do eu os ajudava. Juntos, nós quatro conseguimos construir um pedacinho de lar naquela cidade grande e assustadora. Nem sempre era confortável. Às vezes ficávamos irritados uns com os outros. Contudo, estávamos seguros.

Minha faculdade ficava a quilômetros do nosso bairro, do outro lado da cidade. Qualquer aluguel mais perto era muito caro. Na minha terra natal, a maioria das pessoas se deslocava a pé. Nairóbi era barulhenta, com carros buzinando nos constantes engarrafamentos. Não há transporte público e a cidade se estende para todos os lados. Os *matatus*, ônibus particulares, muitas vezes decorados com pinturas brilhantes semelhantes a grafites, retratavam de tudo: desde super-heróis ao Bob Marley e versículos da Bíblia. Os ônibus viviam lotados. Os pilotos de minimoto alugam um assento na traseira para pessoas com pressa que querem contornar os carros maiores. As pessoas que pegam carona agarram os pilotos e rezam para conseguir se equilibrar no pequeno espaço do assento.

Eu não podia pagar por uma carona de moto, muito menos por uma corrida de táxi. Eu não conhecia nenhuma rota dos *matatus*. Além do mais, mesmo que conhecesse alguma, tinha medo de me espremer em meio a um bando de desconhecidos. Nos espaços apertados dos ônibus, as mãos dos homens acabam nos corpos das mulheres.

Decidi que meus pés eram a melhor e única opção que eu podia pagar.

— Se você se perder — disse meu colega de quarto —, procure pelo prédio verde Afya e saberá para onde ir.

Segui aquele edifício como um farol. Tenho certeza de que andei quilômetros fora do meu trajeto, mas aquilo evitou que eu me perdesse.

Certa noite, um homem se aproximou de mim no caminho para casa.

— Com licença, senhora, tem um minuto? — abordou ele.

Ele estava vestido de terno e gravata. Além disso, seus sapatos estavam lindamente engraxados mesmo na sujeira de Nairóbi. O inglês dele era perfeito. Considerei que seria seguro conversar com ele.

— Trabalho para uma agência de modelos e você chamou a minha atenção. Podemos conversar?

Ele me entregou um cartão com o nome dele e o nome de uma agência. As pessoas sempre me chamavam de *karembo*, que significa bonita. Então admito que sempre fui um pouco vaidosa com a minha aparência. Quando era pequena, tinha sonhado em ser modelo. Talvez aquele sonho pudesse se tornar realidade.

Ele sugeriu que fôssemos ao restaurante de um hotel no centro da cidade e caminhamos juntos até lá.

— Peça o que quiser — disse ele quando nos sentamos.

Enquanto estávamos sentados tomando chá e comendo *mendazi*, uma espécie de pão frito, ele me mostrou fotos de belas mulheres às quais representava. As clientes dele apareciam em outdoors, revistas e até comerciais de televisão. Se eu concordasse em deixá-lo me representar, explicou ele, eu poderia estar trabalhando dali a uma semana. Era necessário apenas uma ligação rápida para o escritório. Depois daquilo, eu estaria prestes a ganhar fama e dinheiro.

— Ah, não: meu telefone está sem bateria. Posso pegar o seu emprestado?

Entreguei meu telefone. Ele saiu para fazer a ligação.

Fiquei sentada por alguns minutos. Já me via gastando o dinheiro. Eu compraria um apartamento na cidade. Convidaria Soila e seus filhos para me visitarem e compraria roupas e brinquedos para eles. Talvez eu até pudesse ser uma daquelas mulheres que dirigiam.

Esperei mais alguns minutos. Olhei para a porta e não vi o homem. Talvez ele tivesse ido a algum lugar com um sinal melhor. Esperei um pouco mais. Ele não voltou.

Comecei a sentir uma sensação de mal-estar.

Eu não tinha dinheiro. Eu não tinha meu telefone para pedir ajuda a ninguém e, mesmo se estivesse com o celular, para quem ligaria? Ninguém que eu conhecia poderia pagar a conta de um restaurante de hotel.

Achei que seria presa por roubo. Não conseguia pensar no que fazer. Fiquei sentada lá por três horas.

Comecei a chorar. O garçom foi até a minha mesa.

— O *mendazi* estava tão ruim assim? — perguntou ele.

Contei-lhe a história. Ele colocou a mão no meu ombro e escutou, assentindo.

— Bem-vinda à Nairóbi — disse ele.

Concordei com a cabeça.

— Não tenho condições de arcar com a conta, mas posso voltar depois. Posso conseguir o dinheiro — garanti.

Ele balançou a cabeça.

— Cuidarei disso se você prometer nunca mais seguir um desconhecido a lugar nenhum.

Agradeci a ele. Havia pessoas boas naquela cidade. Eu tinha ficado sem o telefone, mas podia ter sido pior. Eu tinha acompanhado um homem desconhecido até um hotel. Saí do restaurante envergonhada, mas ilesa.

Quando acompanhei o homem até o hotel, não tinha prestado atenção ao caminho. Eu perdera de vista o edifício Afya e não fazia ideia de onde estava. Estava com medo de pedir ajuda ou orientação. Não sabia em quem podia confiar e quem me roubaria. Vaguei por horas.

Por fim, vi a pintura verde do edifício Afya e era sem dúvida a cor mais bonita que eu já tinha visto. Eu estava do lado errado e a quilômetros de distância, mas chorei de alívio. Por fim, me arrastei para a cama já tarde naquela noite. Os meus pés estavam cobertos de bolhas. Meus colegas de quarto estavam tensos. Eles ficaram assustados por eu ter chegado tão tarde. *Pelo menos estou segura*, pensei, *e, pelo menos, alguém se importa se chego à casa em segurança.*

De alguma forma, dei conta. Consegui me adaptar à multidão. Depois que me familiarizei com os bairros, parei de me perder. Depois de um tempo, nem precisava mais do prédio Afya para me nortear.

Nunca serei uma pessoa de cidade grande. Mas me acostumei e aprendi a amar certas partes de Nairóbi. É uma cidade cheia de pessoas desconhecidas, mas também está cheia de amigos queridos de todas as etnias, não apenas pessoas massai. Assim que deixei de ter medo da imensidão de tudo, aprendi a apreciar os belos edifícios e a energia. Ainda adoro leite fresco recém-ordenhado da vaca, mas também adoro um *roti* indiano e a pâtisserie francesa. Acima de tudo, aprendi a apreciar quantas oportunidades existem em uma cidade. Grandes corporações multinacionais, ONGs do mundo inteiro e o governo queniano estão todos em Nairóbi. Se eu quisesse progresso para mim e para o meu povo, estava no lugar certo.

Nas minhas férias da faculdade, porém, eu adorava voltar para a minha terra natal. No ônibus a caminho da minha terra, mesmo no famoso trânsito queniano, eu sentia os ombros relaxando, a tensão saindo da minha barriga. Sim, eu era *entapai*, uma pessoa que traz vergonha. Sim, os anciões balançavam a cabeça quando eu passava e os mais jovens me evitavam como se minha reputação fosse contagiosa. Mas eu podia relaxar quando estava na minha terra natal. Sem multidões. Não precisava me preocupar se as pessoas estavam me avaliando para me roubar. Ar puro e silêncio abençoado. Até os espinheiros chamados de "espere um pouco" eram bem-vindos depois de viver no concreto de Nairóbi. Bem, talvez não bem-vindos, mas pelo menos eram familiares.

Desde a noite em que a esposa de meu avô me batera e zombara de meus pais por terem morrido em decorrência da aids, eu estava morando com meus irmãos e irmãs. Por um tempo, depois que me recusei a passar pelo corte, eles permitiram que eu ficasse, mas não queriam falar comigo. Com o passar do tempo, houve algumas trocas de palavras e, em seguida, alguns sorrisos. Naquele momento, como eu estava na faculdade, eles estavam orgulhosos, e conversávamos e ríamos juntos como quando éramos crianças. Geralmente, eu conseguia comprar algo para eles em Nairóbi. Eram coisas pequenas, mas eles sorriam quando eu levava algumas colheres novas ou um pacote de doces.

Eles viviam uma vida tradicional para pessoas massai, casando-se jovens, tendo filhos. Nenhum deles terminou o ensino médio, muito menos a faculdade. À medida que suas famílias cresciam, eles se espalhavam por casas diferentes, mas moravam próximos. Seus filhos brincavam e cuidavam uns dos outros. Eles compartilhavam refeições e tarefas domésticas.

Os filhos do meu tio, por outro lado, cresceram com muito dinheiro. Eles nunca passaram fome. Tinham roupas limpas e camas confortáveis. À medida que cresciam, começaram a beber e usar drogas. Um por um, largaram os estudos. O dinheiro que meu tio tinha tirado do *harambee* nunca educou ninguém.

Com o passar do tempo, meus irmãos construíram vidas decentes para si. Não eram ricos, mas tinham um lugar para se abrigar e o suficiente para comer. Quando eu voltava para visitá-los, sentia que estava em casa. Suas casas podiam ser um pouco rústicas, mas estavam cheias de felicidade. Percebi que uma mulher massai que fugira do corte podia ser acolhida em algum lugar.

Outra perda

Eu disse que meus irmãos construíram suas vidas juntos. Porém, trata-se de uma meia verdade. Meu pai teve quatro filhos com a primeira esposa. Apenas três ficaram em casa. Uma das minhas meias-irmãs, Mary, não estava com eles. Ela passou pelo corte, mas quando meu tio tentou arranjar seu casamento, ela negou.

Ao se recusar a se casar com o homem escolhido pela sua família, uma mulher massai não se torna *entapai*. Contudo, ela ganha má reputação. Assim como se recusar a passar pelo corte, é uma ação que requer coragem. Os parentes do gênero masculino querem fazer com que as meninas se casem para ganhar um dote. Sua família vai bater em você, ignorar você, fazer você trabalhar feito uma mula — farão de tudo o que for preciso para obrigá-la a obedecer. Apesar da punição, Mary ainda se recusou a se casar. Ela devia ter um pouco do espírito do meu pai.

Ela conheceu um soldado. Ele era jovem e bonito, porém não era massai. Ele não ofereceu dote algum. A família não aprovou, mas ela queria ficar com ele de qualquer maneira.

Quando ele foi transferido para outra parte do país, ela foi embora com ele.

Não sei como era a vida de Mary ao lado dele. Eu estava no internato e era difícil manter contato. Meus irmãos e irmãs me disseram que ela estava grávida de gêmeos. Gosto de pensar que ela estava feliz. Gosto de pensar que ela estava orgulhosa de se tornar mãe. Gosto de pensar que ela estava apaixonada.

Então, ela contraiu malária.

A malária é uma doença comum no Quênia. As ONGs e o governo usam inseticidas para reduzir a população de mosquitos. Distribuem mosquiteiros para serem colocados acima das camas e incentivam as pessoas a usá-los. Fornecem medicamentos antimaláricos em áreas de alto risco, como a região costeira e as margens do lago Vitória, para prevenir a malária durante a gravidez. Tais esforços fizeram com que a prevalência da doença diminuísse, mas continua a ser uma ameaça.

As mulheres grávidas têm menos imunidade à malária e, quando contraem a doença, as consequências são mais graves. Elas correm o risco de ficar muito doentes, desenvolver anemia e até morrer. Além disso, seus bebês também correm risco.

Aprendi tudo isso no meu trabalho com a Amref. Se eu tivesse tido contato com Mary, podia ter compartilhado meu conhecimento com ela. Podia ter feito com que ela dormisse sob um mosquiteiro tratado com inseticida. Podia ter feito com que ela tomasse remédios antimaláricos. Podia tê-la auxiliado a encontrar ONGs e programas governamentais para ajudá-la.

Entretanto, ela estava longe e ninguém estava lá para ajudar. Não sei que tipo de precauções ela tomou. Talvez ela nem tenha tomado precauções. Não sei se ela procurou a ajuda de outras pessoas. Não posso mais perguntar a ela. Ela morreu no parto junto com seus bebês gêmeos.

Quando recebi a notícia, chorei aos soluços. *Fracassei com ela*, pensei. *Eu podia ter salvo a sua vida*. Mais um membro da família perdido enquanto eu estava em outro lugar.

Mas, obviamente, eu não tinha como ter ajudado. Eu acabara de entrar na faculdade. Eu mal conseguia me sustentar. Não conseguiria ter resolvido um problema que afeta milhões de mulheres. Tive que dizer a mim mesma por várias vezes que eu não teria como estar com ela. Que eu não poderia mudar o passado.

Na minha terra, meus irmãos e irmãs lamentaram. Quando nos encontramos novamente, choramos juntos. Ver os rostos uns dos outros nos lembrou da irmã que não estava ali.

Estávamos mais determinados a ficar juntos, a construir uma vida para nós mesmos. A vida tinha levado muitos membros da família enquanto eles ainda eram jovens demais. Cabia a nós seguir em frente.

Mudanças na minha terra natal

Depois de entrar na faculdade, eu ainda voltava para a minha terra natal sempre que tinha tempo e dinheiro para arcar com a passagem de ônibus. E continuei conversando com as meninas. À medida que mais garotas viam as amigas e familiares recusarem o corte, ficou mais fácil fazer com que elas conversassem comigo. No entanto, eu ainda tinha que fazer o trabalho de falar com uma menina de cada vez e eu era uma Nice só para fazer tudo. Se uma diferença maior fosse acontecer, eu teria que lutar contra o apoio do povo massai à mutilação genital feminina de maneira mais ampla.

A mutilação genital feminina, tal como é praticada pelo povo massai, rouba da mulher o prazer sexual e pode lhe roubar a vida. Existem outras formas de mutilação genital feminina no mundo. Algumas etnias fazem apenas uma pequena incisão ou queimam o clitóris. Em outras culturas, não apenas se remove o clitóris externo, mas também os lábios internos. Em outras culturas, ainda, a abertura vaginal é costurada, deixando apenas um pequeno orifício. Antes do casamento, uma menina que sofre tal forma de MGF terá que passar por um segundo corte para reabrir a vagina.

Cerca de duzentas milhões de mulheres em todo o mundo já sofreram algum tipo de mutilação genital feminina. As modalidades de MGF são diferentes e etnias distintas executam a prática com base em motivações diferentes. Contudo, todas as formas de mutilação genital feminina têm uma coisa em comum: limitam e controlam a vida das mulheres. Eu tinha visto aqueles limites em minha própria família. Tinha visto aqueles limites na vida de Soila.

Uma garota que passa pelo corte é uma garota que não tem mais controle sobre o próprio corpo. Eu não tinha uma noção completa disso quando fugi. Sabia apenas que não queria abandonar a escola e me casar. Porém, naquele momento, como uma estudante universitária que passara pelo treinamento da Amref, eu sabia exatamente o que a MGF fazia com as meninas. Ela causava dor, lesões permanentes e até mesmo a morte. No entanto, o estrago era ainda maior. Ajudava a manter as mulheres no lugar de parideiras e servas. Arrancava delas a perspectiva de futuro.

Aquele era o motivo pelo qual eu não queria substituir a mutilação genital feminina apenas por algo que fosse menos abertamente prejudicial. É possível realizar a MGF em um ambiente clínico e fazer apenas uma pequena incisão em vez de remover o clitóris. Em um ambiente esterilizado, com o benefício de antibióticos, os riscos à saúde são muito menores. E se o corte fosse apenas parte de uma cerimônia, as mulheres talvez nem deixassem de sentir o prazer sexual. Mas mesmo que as mulheres não percam a saúde e o prazer, uma mulher que passa pela mutilação genital feminina ainda assim está perdendo a autonomia. A MGF, mesmo do tipo mais inofensivo, inevitavelmente leva ao casamento e o casamento, nas culturas que praticam a mutilação genital feminina, leva ao apagamento das mulheres.

As meninas que passam pelo corte abandonam a escola. Desistem da carreira. Elas trabalham (provavelmente mais do que antes), mas apenas para o benefício das famílias. Não estudei todas as comunidades em que a mutilação genital feminina é praticada. Existem muitas delas. Porém, em todas as que estudei esse cenário se repete.

Como a mutilação genital feminina está tão intimamente ligada ao casamento precoce e à geração de filhos, ela também afeta os meninos. Um homem solteiro não tem um papel na comunidade massai. As crianças eram consideradas uma forma de riqueza e um homem sem filhos mal era considerado como um homem. Os homens apoiavam a mutilação genital feminina, pensando que tal prática tornava as meninas mais aptas para o casamento. Entretanto, os homens não podem continuar os estudos se têm que sustentar uma família. Logo, assim como as meninas, eles tendiam a abandonar a escola cedo.

A prática dependia e impactava toda a comunidade. As mães ensinavam às filhas sobre o corte, advertiam-nas das consequências de não o fazer, avisavam aos pais quando suas filhas estavam prontas. Os pais organizavam e pagavam pela cerimônia, escolhiam os cônjuges para as filhas e recebiam o dote da família do noivo. Os rapazes queriam esposas em quem pudessem confiar para ficarem em casa, criarem filhos e terem bebês. Eles insistiam que apenas uma mulher que passara pelo corte era boa o suficiente. Todos viam a mutilação genital feminina como vital para a nossa identidade como povo massai. Tratava-se de uma prática que nos mantinha unidos, embora fôssemos uma minoria em nosso próprio país. Sem todos aqueles grupos concordando em acabar com a mutilação genital feminina, sempre haveria apoio para a prática.

Em 2011, quando eu estava na faculdade, o Quênia declarou que a mutilação genital feminina seria ilegal a partir dali. As leis faziam pouca diferença. O povo massai tende a viver em assentamentos isolados, longe da supervisão federal. Onde o alcance da lei era uma ameaça, o povo massai começou a fazer o corte em segredo. Em vez de fazer do corte uma cerimônia comunitária, a menina passava pelo corte em casa com apenas os familiares mais próximos para apoiá-la. Quando pessoas de fora perguntavam às pessoas massai se ainda praticavam a MGF, elas negavam. Mas, em ambientes privados, o corte ainda era uma ameaça tão real quanto antes. As leis não eram suficientes. Para erradicar a mutilação genital feminina, a mudança teria que partir de dentro.

Visitar a minha terra natal significava continuar a missão para acabar com a MGF. Embora os anciões tivessem permitido que eu fizesse treinamentos com a Amref e algumas meninas estivessem dispostas a ouvir, percebi que não poderia fazer uma diferença real sem alcançar todo o nosso povo. Meu trabalho não era poupar um punhado de garotas da mutilação genital feminina. A missão verdadeira era mudar o modo de pensar do povo massai.

Eu tinha tido alguns bons resultados com as meninas. Então, comecei a conversar com as suas mães. Terça-feira era dia de mercado e eu estaria esperando perto dos vendedores. Falar com as mães era como falar com as meninas. Eu precisava conhecer os desejos e os medos das mães antes de conseguir trabalhar com as filhas. Para mim, estimular mudanças começava quando eu fazia perguntas:

— O que você quer para as suas filhas? O que quer para a sua família? Como a mutilação genital feminina contribui para fazer esses sonhos se tornarem realidade?

As mães viram meninas morrerem em decorrência da mutilação genital feminina. Embora talvez não tenham admitido para si mesmas que fora o corte a causa daquelas mortes. Com o meu conhecimento adquirido com a Amref, consegui convencer muitas delas.

— O sangramento, as febres, a dor… isso não é maldição nem um problema com a sua filha — expliquei. — É devido ao corte em si.

Todas conheciam ao menos uma mulher, muitas vezes elas próprias, que sofria em decorrência dos efeitos colaterais do procedimento. Aquelas mães amavam as filhas e não queriam que elas sofressem.

Além disso, eu podia falar sobre a questão econômica. A mutilação genital feminina resultava no casamento precoce. Por sua vez, o casamento precoce acabava com as expectativas de uma menina de ter acesso à educação. Ter acesso à educação significava mais dinheiro para a menina e sua família. As mães lutavam para alimentar e vestir os filhos, para suprir as necessidades básicas. O casamento precoce significava que haveria mais bebês. E mais bebês significava precisar dividir ainda mais os recursos que já eram limitados. As mães sabiam o preço da renúncia à educação.

Elas podiam ver a minha vida. Podiam ver que eu era a primeira garota da nossa comunidade a ir para a faculdade e que, mesmo sem o corte, eu estava saudável e feliz. Maldição nenhuma se abatera sobre mim ou minha família.

Consegui convencer muitas mulheres. O problema eram os homens e, especificamente, como eles me tratavam. Os homens olhavam para mim e viam uma mulher ainda repudiada, que não era considerada adulta pelos homens, que não era casada e talvez nunca tivesse um marido.

— Se minha filha não passar pelo corte — argumentavam elas —, ninguém vai se casar com ela. O pai vai ficar contra ela. Talvez o futuro dela não seja grande coisa. Mas ao menos ela terá um futuro, uma família, uma comunidade.

As mães sabiam do mal que o corte poderia fazer, mas temiam pelas filhas se não o fizessem. Se eu fosse acabar com a mutilação genital feminina na minha comunidade, teria que fazer com que os homens concordassem.

Eu era muito paciente. Passar meses e até anos conversando não me assustava. O problema era que eu não tinha permissão para conversar com os homens.

Eu era mulher e as mulheres massai não entram em discussões com homens. Na verdade, não se espera que as mulheres participem das discussões de modo geral. Debater era uma missão masculina. O pior era que além de ser mulher, eu não tinha passado pelo corte. Tecnicamente, eu era uma criança. Eles me davam as costas ou riam na minha cara.

Fazendo o necessário

Enquanto estava na faculdade, consegui um emprego de meio período na Amref em Nairóbi. Comecei a receber por um trabalho que fizera de modo voluntário durante anos. Finalmente, tinha dinheiro para pagar meu próprio aluguel. Tentei encontrar o garçom que me ajudara quando o homem tinha roubado meu celular, mas ele não estava mais no restaurante quando voltei. Dei um pouco de dinheiro para os homens que me acolheram quando precisei, mas eles não quiseram aceitar muito. Ajudar o próprio povo era simplesmente a coisa certa a se fazer, responderam eles, não esperavam receber pagamento por aquilo.

— Se quiser retribuir o favor — acrescentaram eles —, ajude outra pessoa que precise.

Pelo menos, depois que me mudei, eles voltaram a ter uma cama para dormir. Então, pude pelo menos oferecer aquilo a eles.

A partir de então, eu tinha um quarto todo para mim. Um quarto inteiro. Parecia um pouco estranho; exceto nas noites em que fiquei trancada na cozinha da esposa do meu avô, nunca tinha dormido sozinha. Era bom ter um lugar para estudar. Era bom ter uma cama limpa só para mim. Era bom saber que eu não estava fazendo três homens generosos dormirem no chão duro.

NICE LENG'ETE

Mandei dinheiro para meus irmãos e irmãs. Eles usaram o dinheiro para comprar alguns animais e como auxílio nas despesas da escola. Soila conseguiu comprar livros para os filhos.

— Talvez eu não possa dar coisas extravagantes para os seus filhos — expliquei à minha família —, mas posso garantir que a próxima geração tenha acesso à educação.

Se nossos sapatos estivessem furados e as roupas puídas, que assim fosse; teríamos as coisas que importavam. Decidi que eu não seria a única pessoa a melhorar de vida. Minha família inteira melhoraria de vida comigo.

Mais importante que meus sonhos pessoais, a Amref me deu a oportunidade de ajudar meninas em maior escala.

Meu treinamento foi um despertar. A Amref estava levando médicos e enfermeiras para pequenas cidades, treinando parteiras e profissionais da região, ajudando comunidades a construírem ou melhorarem sistemas de água e esgoto, além de aprimorarem a higiene bucal e a educação... depois de um tempo, perdi a conta. Havia tanta coisa para fazer, tantos projetos em que a Amref estava colaborando que eu não conseguia acompanhar tudo. Meu treinamento me ajudou a apreciar a profundidade e a amplitude do que era necessário no Quênia e o que as pessoas estavam fazendo para atender àquelas necessidades.

Havia algumas questões sobre as quais eu nunca nem tinha parado para pensar a respeito. Participei de uma sessão de treinamento sobre questões da comunidade LGBTQIA+; até onde eu sabia, nunca tinha conhecido uma única pessoa LGBTQIA+ antes daquele dia e não entendia por que o treinamento era necessário. Depois, porém, percebi que eu conhecera muitas pessoas LGBTQIA+. Contudo, elas eram silenciadas em uma cultura que não discute ou nem mesmo reconhece a homossexualidade.

Como a Amref está sediada no continente africano e a equipe é predominantemente africana, a instituição é administrada por pessoas que respeitam e ouvem os habitantes da região. Soluções de saúde não são impostas de fora. Em vez disso, acredita-se que o melhor caminho é escutar as comunidades e trabalhar com todos os recursos disponíveis para melhorar o acesso e a utilização dos serviços de saúde. A Amref fala com as comunidades da mesma forma que eu conversava com as meninas na minha terra natal: ouvindo primeiro, abordando as necessidades individuais.

Ao ver o que a Amref estava fazendo, eu queria fazer parte do movimento. Eu tinha convencido algumas meninas a evitarem o corte. Com o suporte do treinamento e os recursos da Amref, eu sabia que poderia convencer comunidades inteiras. Eu era uma jovem estudante universitária; era idealista e otimista. Eu tinha total convicção de que poderia fazer a diferença. Se meu pai, um menino descalço, pôde ajudar o povo massai a melhorar a situação de vida, eu também poderia. Eu não era perfeita, mas era determinada.

Felizmente, a liderança da Amref também viu potencial em mim. Em retrospectiva, eu era inexperiente — muito inexperiente. Eu era ingênua; tinha escolhido a faculdade seguindo o conselho de um desconhecido em um ônibus e seguira outro desconhecido até um hotel. Eu nunca tinha gerenciado o trabalho de ninguém. Não sabia sequer fazer uma planilha. Nunca tinha me envolvido com projetos de desenvolvimento comunitário além do meu trabalho voluntário.

Contudo, eu acreditava com todas as minhas forças. Estava determinada. Eu faria acontecer.

A voz de uma mulher

Voltei para a minha cidade. Daquela vez, estava decidida a acabar com a mutilação genital feminina por completo. Se os homens se recusassem a falar comigo, continuaria a perturbá-los até que o fizessem.

Os *morans*, nossos jovens homens, eram as pessoas que eu mais precisava convencer. Eram eles que se casariam em breve. Eles eram os que mais insistiriam para que suas noivas passassem pelo corte. Se eu pudesse convencê-los, o resto do povo concordaria também.

Porém, para chegar aos *morans*, eu precisava falar com os anciãos. Depois de fugir do corte, precisei do apoio do meu avô, não só porque ele era meu guardião, mas porque os homens mais jovens não ousariam desafiá-lo. A decisão dele como ancião não seria contestada. Com a sua proteção, meu tio podia reclamar o quanto quisesse, mas ele não ousaria me machucar.

Da mesma forma, se eu conseguisse a permissão dos anciãos para falar com os *morans*, as pessoas poderiam me julgar, poderiam me chamar de *entapai*, mas eu teria a permissão para ser ouvida. Os anciãos tinham autoridade em nossa comunidade e eu precisava do amparo daquela autoridade.

Eu mostrava respeito ao tentar obter a permissão deles. Além daquilo, esperava que muitos deles ainda se lembrassem dos meus pais com carinho. Fui até eles de cabeça baixa, demonstrando humildade, e pedi gentilmente pelo simples direito de falar com os *morans*. No início, os anciãos riram de mim. Eu era jovem e tola, nem mesmo uma mulher adulta, e tinha a audácia de questionar séculos de tradição. Eles acenavam para que eu me retirasse e diziam para eu voltar para a minha família.

Mas não desisti. Eu ia até eles todos os dias, interrompia suas conversas sobre outros assuntos. Eu era como uma mosca que não parava de zumbir em volta da cabeça deles.

Contei a eles histórias de mulheres jovens que foram para a faculdade, tornaram-se empresárias, médicas e contadoras em Nairóbi ou até mesmo na Europa ou nos Estados Unidos. Contei a eles sobre as casas que os idosos, familiares daquelas mulheres, poderiam comprar com o dinheiro que elas mandavam de volta para sua terra natal, falei sobre as geladeiras, motos e televisores daquelas casas. Aquelas mulheres depois se casavam, eu expliquei, mas quando se casavam, seus filhos eram saudáveis, fortes e ricos. Eu podia ver pelo rosto dos anciãos que eles ficaram tentados. Quem não gostaria de se gabar de ter filhos bem-sucedidos enviando dinheiro para a terra natal para comprar computadores e celulares?

Mas me disseram que não estavam convencidos. Disseram-me que ter acesso à educação e ter uma carreira era bom para algumas mulheres, mas nós éramos massai. Valorizávamos coisas diferentes: gado, crianças, tradição. Éramos uma minoria em nosso próprio país. Portanto, se não lutássemos para defender nosso modo de vida, desapareceríamos. Mandar as meninas para outras regiões significava acabar com as coisas que tornavam nossa vida especial.

Ainda assim, embora os anciãos questionassem cada um dos meus argumentos, percebi que estavam me ouvindo. Um dote pode comprar gado uma vez, mas uma pessoa jovem que tenha formação pode continuar comprando vacas por muitos anos.

Depois de vários dias, disseram que falariam com os *morans*. Eles não fariam promessas. Certamente, não defenderiam minhas ideias perante os jovens. Mas, se eu os deixasse em paz, eles me dariam permissão. Marquei uma reunião.

Finalmente, pensei, *estou chegando a algum lugar. Os* morans *são jovens. São pessoas dispostas a mudar e eles vão me ouvir.* Estava fazendo um progresso real.

Mas, quando fui àquela reunião, nem um único *moran* apareceu.

Não poderia fazer aquilo como uma mulher sozinha. Percebi que não importava se meus argumentos fossem bons; se os homens não me ouvissem, meu conhecimento seria inútil. Felizmente, nunca tive medo de pedir ajuda quando necessário. Uma das coisas que mais valorizo na minha cultura é como trabalhamos juntos. Pessoas em outras partes do mundo, os estadunidenses principalmente, gostam de falar sobre pessoas sozinhas fazendo as coisas por conta própria. Um único indivíduo disposto a enfrentar todos os outros. Não enxergamos as coisas dessa maneira. Fazemos as coisas mediante trabalho em conjunto, por meio da cooperação e do consenso. Estava determinada a provocar mudanças, a criar uma vida diferente para as meninas, mas não queria fazer aquilo sozinha.

Conversei com Douglas, o jovem que passara pelo treinamento da Amref junto de mim. Assim como eu, ele tinha ido para Nairóbi para fazer faculdade. Fui até o apartamento onde ele morava. Embora estivesse em um bairro um pouco melhor que o meu (não era preciso esconder o telefone quando se andava na rua), o quarto dele era tão apertado e cheio de livros quanto.

— Olha para a gente — falei. — Dois jovens acadêmicos.

Conversamos sobre nossos estudos, onde conseguir leite decente na cidade e, obviamente, sobre o trânsito (todo mundo em Nairóbi fala sobre o trânsito).

— Me ajude a organizar uma reunião — pedi. — Com você lá, eles pelo menos vão aparecer.

Eu estava preparada para fazer perguntas e conversar com ele sobre o meu ponto de vista, mas ele concordou na mesma hora.

— Nas nossas próximas férias, voltaremos para casa juntos e organizaremos uma reunião — garantiu Douglas.

Não devia ter me surpreendido que ele tenha topado de cara. Assim como eu, ele estava comprometido com a educação. Tínhamos passado pelo treinamento juntos. Ele era uma das poucas pessoas na minha cidade que entendia exatamente como a mutilação genital feminina podia ser prejudicial. E também entendia como era difícil mudar séculos de tradição.

Na primeira reunião que organizamos juntos, alguns *morans* apareceram. *É um começo*, pensei. Douglas apresentou algumas informações básicas sobre saúde e depois pediu para que eu falasse.

Assim que me levantei, todos os homens, exceto Douglas, saíram da sala. *Um começo e tanto*, refleti para mim mesma.

Não desistimos, embora fosse frustrante. Só podíamos organizar reuniões quando ambos conseguíamos estar de volta à nossa terra natal. Além do mais, nós dois estávamos custeando os próprios estudos em Nairóbi. O progresso era lento.

Mesmo assim, continuamos trabalhando. Douglas se reunia com pessoas quando estava na nossa cidade.

— Venha às reuniões — pedia Douglas —, e a Nice falará sobre saúde. Ela está na faculdade. Ela tem um emprego em Nairóbi — (ele não contava às pessoas que eu era estagiária de meio período). — Ela tem informações importantes a passar.

Na reunião seguinte, três homens estavam dispostos a ficar e me escutar.

Não falei sobre a mutilação genital feminina. Falei sobre o acesso aos programas oferecidos pela Amref e outras ONGS. Falei sobre as medidas que poderíamos tomar para limpar nossa água. Falei sobre organizar clínicas para garantir que todas as nossas crianças fossem vacinadas.

Mais homens começaram a comparecer. Foi só depois de muitas reuniões, durante muitos fins de semana e feriados, que, finalmente, mencionei a mutilação genital feminina. Aos poucos, os *morans* perceberam que eu tinha conhecimento e poderiam confiar em mim. Mesmo assim, eu não dava sermão. Fazia perguntas aos homens. Tinha aprendido com meu pai a perguntar e deixar as pessoas tirarem as próprias conclusões.

— Quando se casarem, querem que as mulheres desfrutem do sexo com vocês?

Eles ficavam desconfortáveis. Não estavam à vontade para conversar sobre sexo com uma jovem. Entretanto, por fim, a maioria deles concordou que queriam que a esposa também gostasse do sexo. É um erro dizer que os homens massai não querem compartilhar o prazer sexual com as mulheres; a questão é que, quando a mutilação genital feminina era a norma, o prazer mútuo se tornava impossível.

— Se suas esposas passarem pelo corte, o que acham que elas sentirão durante o sexo? — perguntei.

Os homens deram de ombros. Eles já sabiam que as mulheres que passavam pelo corte não gostavam e, às vezes, até sofriam durante o sexo.

— Se suas esposas gostarem do sexo com vocês, acham que elas serão mais felizes?

Eles concordaram.

— Vocês preferem viver com esposas felizes ou com aquelas que estão sempre mal-humoradas?

Eles riram, mas acho que pensaram a respeito.

Lentamente, comecei a apresentar alguns fatos na conversa. A mutilação genital feminina era tratada como assunto de mulher. Os homens jovens não sabiam muito, se é que sabiam alguma coisa, sobre o processo. Eles foram submetidos à circuncisão masculina para se

INTOCADAS

tornarem *morans*. Era doloroso, muito doloroso, mas foram corajosos e estoicos durante o corte. Muitos supunham que o procedimento das mulheres era semelhante.

Falei sobre o sangue, os riscos de infecção e as muitas complicações que as mulheres podem sofrer após o corte. Não era o mesmo que remover um pedaço de pele; a MGF significava remover toda a parte visível de um dos órgãos do corpo. Para que a circuncisão masculina fosse equivalente à mutilação genital feminina, seria necessário cortar uma grande parte do pênis, não apenas o prepúcio. Os homens estremeceram, assustados. Eles não faziam contato visual comigo. Contudo, me ouviam.

— Vocês querem filhos saudáveis?

Eles me olharam como se eu tivesse perdido o juízo: obviamente queriam filhos saudáveis. Então, disse a eles que a mutilação genital feminina poderia prejudicar a fertilidade e tornar o parto perigoso.

Um por um, os *morans* mudaram de ideia sobre a mutilação genital feminina. Ninguém queria uma esposa que ficasse permanentemente incapacitada devido ao corte. Ninguém queria que a esposa temesse a dor no sexo. Ninguém queria perder um filho ou uma esposa por complicações na gravidez. Os *morans* concordaram que queriam trabalhar comigo para acabar com a MGF em nossa cidade.

Não vou fingir que tudo correu às mil maravilhas depois daquilo. Acabar com uma prática que esteve em uma cultura havia séculos não aconteceria da noite para o dia. Mas quando os *morans* foram até os pais e disseram que queriam esposas que não tivessem passado pelo corte, as famílias começaram a prestar atenção. Finalmente, as mulheres que odiavam o que tinha sido feito a elas podiam proteger as filhas. As meninas se sentiram empoderadas para falar por si mesmas e resistir.

Uma a uma, as famílias concordaram em acabar com a mutilação genital feminina. As meninas receberam a permissão para abrir mão do corte e continuar na escola. Os homens começaram a se casar com mulheres intocadas pelo corte. Até Buya, aquele garotinho travesso que me fizera chorar quando roubava meu almoço, me apoiou. Seu primeiro casamento fora arranjado por seu pai e sua esposa tinha passado pelo corte. Quando Buya se casou com a segunda esposa, ele mesmo a escolheu e fez questão de que ela fosse uma mulher que não havia sofrido a MGF.

Acabamos com a mutilação genital feminina em nossa vila. Demorou mais de dois anos, foi preciso trabalhar na nossa terra natal em todas as férias e feriados da faculdade, mas Douglas e eu conseguimos. Uma das razões pelas quais deu certo foi porque a mudança não foi imposta de fora; foi algo que as pessoas tinham concordado coletivamente.

— A mudança vem do Ocidente — dizem as pessoas.

Eles veem muitas reformas como maneiras de destruir nossas tradições culturais, de tentar apagar nossa identidade e substituí-la por uma estrangeira. Mas aquela mudança veio de nós. Então, conseguimos proteger nossas meninas do nosso jeito, sem destruir quem éramos.

No entanto, eu não tinha conseguido proteger Soila. A MGF foi uma diferença que mudou para sempre a vida de duas irmãs. Eu estava fazendo coisas que nenhuma garota da nossa vila havia feito: indo para a faculdade, morando sozinha na cidade grande, trabalhando para uma grande ONG. Soila estava na nossa terra natal com um marido que não a amava e vários filhos. Fiz a diferença, mas não conseguira salvar minha própria irmã.

— As pessoas estão falando de você — contou ela para mim um dia.

— Desculpe — respondi. — Eu posso parar.

Ela riu.

— Não, isso é bom. Eles estão falando sobre parar de fazer o corte. Não estão mais apenas o escondendo.

— Eu queria...

— Não, Nice. Eu escolhi esta vida. É o caminho que tracei para mim.

INTOCADAS

E ainda havia meninas seguindo o caminho da Soila em nosso país e mundo afora. O problema é sério no Quênia, por mais que o procedimento já fosse ilegal na época. Contudo, é ainda pior em alguns outros países africanos. Na Somália e no Djibuti, quase todas as meninas sofrem mutilação genital feminina. Em outros países africanos, principalmente os do centro e norte da África, as porcentagens são menores, porém ainda muito altas. As meninas no Oriente Médio, Índia e em lugares muito distantes como a Indonésia também passam pelo corte. As razões culturais para a mutilação genital feminina podem diferir, assim como as particularidades do corte, mas o efeito é sempre ferir as meninas. Muitas vezes o corte leva ao casamento precoce e sempre leva à subjugação feminina.

Estima-se que cerca de duzentas milhões de mulheres no mundo inteiro tenham sido submetidas a alguma modalidade do procedimento. Para colocar tal número em perspectiva, o número é maior do que toda a população de meninas e mulheres dos Estados Unidos. É quase a quantidade de meninas e mulheres vivendo na União Europeia.

Eu tinha conseguido uma mudança em pequena escala, mas ainda precisava convencer o resto do povo massai e, em seguida, o restante do continente africano e o mundo. Meu trabalho estava apenas começando.

O sol e a lua

Quando o mundo era mais jovem, o sol e a lua eram casados. Eles vagavam pelas planícies nos céus, o sol liderando, a lua seguindo. Uma vez por mês, a lua se cansava e o sol a carregava. Depois de alguns dias, quando ela se sentia descansada, a lua voltava a andar.

Um dia, a lua desobedeceu ao sol e ele bateu nela. A lua revidou e a batalha foi feroz. Ele a deixou com um olho roxo e muitos hematomas. Em troca, ela mordeu e arranhou o rosto dele.

Quando eles, mais uma vez, fizeram as pazes, o sol estava envergonhado. Ele havia perdido o controle sobre a esposa e deixara uma mulher feri-lo.

— Vou brilhar com tanta intensidade — proclamou o sol —, que ninguém conseguirá olhar para mim.

Então, o sol brilhou ainda mais forte e as pessoas não podiam olhar para ele sem perder a visão. Logo, as pessoas se esqueceram de que o brilho dele um dia fora pálido.

A lua continuou brilhando suavemente, sem constrangimento. Ela era uma mulher e seus ferimentos não eram motivo para vergonha. Nos dias atuais, você ainda pode olhar para cima e ver o olho roxo da lua e seu rosto esburacado. Contudo, ninguém pode dizer que o sol foi ferido por uma mulher.

Abertura e encerramento

Para muitas mulheres que eu conhecia, casamento e filhos significavam uma espécie de morte. Minha meia-irmã mais velha se casou jovem e teve vários filhos; ela nunca teve oportunidade para fazer outra coisa. Minha meia-irmã mais nova, Mary, fugiu de um casamento arranjado, mas contraiu malária e morreu ao dar à luz. Assim como ela, muitas mulheres morreram muito jovens devido a doenças que podiam ter sido evitadas com melhores cuidados médicos. Muitas vidas foram perdidas devido ao casamento e à gravidez precoces.

Para Soila, o mundo estava se fechando. O marido dela começara a beber. No início, ele bebia pouco, mas depois passou a beber todos os dias. Quando bebia, batia na Soila. Para os homens massai, bater na esposa é algo considerado razoavelmente normal. Os homens são os chefes da família. Eles acreditam que é seu direito, até mesmo sua obrigação, fornecer disciplina. Embora eu com certeza não apoie violência contra a mulher e nunca permitiria que um homem me batesse, para a maioria dos homens massai não é algo que fazem para ferir e humilhar as mulheres. A intenção deles é dar um castigo. Além disso, trata-se de um assunto particular. Um homem leva a esposa para longe da cidade e bate nela em um lugar onde ninguém pode ver.

O marido da Soila, por outro lado, batia nela em casa. Ele batia nela na frente das crianças. Ele gritava e, em uma pequena cidade massai, todos sabiam exatamente o que ele estava fazendo. Soila não conseguia encarar os vizinhos por vergonha.

Era pior do que a humilhação em si. Quando um homem massai bate na esposa, ele raramente tenta machucá-la. Ele bate nela para fazê-la obedecer e não usa toda a sua força. O marido da Soila batia nela com a raiva de um bêbado. Ele a deixava com olhos roxos e hematomas no seu corpo. Aquilo não era disciplina, era abuso.

Os filhos dela viam tudo. O filho mais velho da Soila é um menino quieto, do tipo que observa e pensa antes de agir. Ao ver o que estava acontecendo com a mãe, aquela quietude natural se transformou em algo diferente. Ele respondia às perguntas de maneira monossilábica ou apenas ficava em silêncio. Ele começou a desaparecer por horas a fio, evitando ficar em casa. O desempenho escolar dele piorou.

Quando eu visitava Soila, seu marido a deixava em paz e ela sabia que estava segura por algumas noites. Soila não reclamava. Mas eu sabia o quanto ela estava sofrendo. Sofria por ela mesma, porém também pelos seus meninos. E eu sabia que ela estava sofrendo sozinha.

Eu não podia ficar lá e ajudá-la. O marido podia tolerar uma visita por alguns dias, mas nunca teria permitido que eu me mudasse para lá permanentemente.

Ofereci para me mudar para perto e ajudar depois da minha formatura.

Soila balançou a cabeça.

— Você vai se formar. Vai trabalhar.

— Posso conseguir um trabalho aqui.

— Limpar quartos em um hotel? Trabalhar em uma pousada? Você não estudou para isso.

INTOCADAS

— Posso conseguir um emprego.

Ela me encarou duramente.

— Nice, quero ver você na faculdade.

— Posso ajudar.

Ela ficou quieta por um longo tempo. No entanto, finalmente, disse:

— Que diferença faria?

A derrota em sua voz me abalou. Mas ela estava certa. Mesmo se eu estivesse em nossa terra natal, não tinha poder para fazer nada substancial. Eu era mulher (uma menina, na verdade, pois nunca tinha passado pelo corte) e não tinha autoridade sobre os homens. Eu era *entapai*, uma pária que nunca conseguiria um trabalho decente na minha própria cidade.

Eu tinha apenas um emprego de meio período. O dinheiro ajudava, mas não era suficiente para me sustentar em Nairóbi e manter Soila e os meninos em nossa cidade natal. Sem uma renda independente, Soila e os filhos dependiam financeiramente do mesmo homem que os estava machucando.

A cada visita, eu via que Soila ficava mais quieta. Ela olhava mais para o chão do que para o meu rosto. Ela estava cansada (o que era compreensível com três filhos e o trabalho constante), porém era mais do que isso. Ela havia perdido a alegria. Ela sorria quando me via e ainda se orgulhava dos filhos, mas quase nunca ria.

Primeiro emprego

A Amref me ofereceu um contrato limitado para um emprego em tempo integral quando eu estava no terceiro ano da faculdade. Eu passaria vários meses no campo auxiliando na pesquisa sobre a vida dos moradores: suas práticas e necessidades de saúde, quais recursos estavam disponíveis para eles e o que eles precisariam dali para a frente. A Amref usaria as informações compiladas para trabalhar com a população da região e melhorar suas práticas sanitárias.

Meu chefe, Ndwiga, me disse que eu estava preparada. Ele tinha me visto atuando no emprego de meio período e sabia que eu estava pronta. Eu não tinha tanta certeza. Eu ainda era uma estudante universitária e teria que fazer cursos on-line enquanto trabalhava em tempo integral. Eu era uma garota que cresceu em cidade pequena. Eu era jovem. O que eu sabia? Sentia como se fosse uma impostora, uma criança contratada para fazer o trabalho de uma mulher. *Todo mundo um dia vai acordar*, pensei, *e perceber que eu não deveria estar fazendo esse trabalho.*

Meu chefe me apresentou a um homem que chamarei de Samuel, a pessoa que seria meu supervisor. Ele me levaria para meu primeiro trabalho de campo em Kibwezi, uma cidade a cerca de duas horas e meia de carro da minha cidade natal. Kibwezi se parece muito com a região onde cresci, mas não é terra massai. A maioria das pessoas são do povo kamba, um grupo étnico que até recentemente era formado por caçadores ou comerciantes que percorriam longas distâncias. Samuel e um motorista me buscaram em uma grande suv. Samuel estava vestido de modo casual, porém adequado. Ele estava muito calmo e, aparentemente, não tinha percebido que eu estava apavorada.

Enquanto viajávamos para Kibwezi, não conseguia parar de pensar em como me comportar. Ele era muito mais velho do que eu, pertencia a um grupo étnico diferente e tinha passado muito tempo em Nairóbi. Eu não tinha ideia de quais regras seguir. Deveria cumprimentá-lo com um aperto de mão? Deveria conversar com ele? Deveria conversar com o motorista? Será que eu estava falando demais? Será que estava usando as roupas certas? Ele perceberia que eu não tinha ideia do que estava fazendo?

Ele agiu como se ter uma jovem no carro fosse algo normal.

— Melhor pararmos em alguma loja. Quando chegarmos a Kibwezi, não encontraremos um bom lugar para comprar o que precisamos.

Precisamos comprar coisas? Pensei. Mesmo se eu tivesse dinheiro, não saberia o que comprar.

Na loja, sempre que escolhia alguma coisa, ele perguntava se eu também queria. Sabonete? Desodorante? Hidratante corporal?

A cada oferta, eu balançava a cabeça. Comprar coisas para uma colega de trabalho era normal? Eu deveria comprar algo para ele?

Samuel comprou comida e bebida e continuou me oferecendo as coisas. Comecei a ficar preocupada com a possibilidade de ofendê-lo. Então, por fim, aceitei um refrigerante.

Ele pareceu ficar satisfeito e continuamos a jornada. Percebi que ele me observava pelo espelho retrovisor.

Finalmente, chegamos ao escritório e ele me apresentou aos meus colegas de trabalho.

Jane, a mulher que gerenciava o escritório, deve ter notado meus ombros tensos e meu sorriso fino.

— Você vai ficar bem — garantiu ela. — Mas se tiver algum problema, venha até mim. Todas nós já fomos a funcionária novata.

— Vamos — chamou Samuel. — Vamos para o bar comer *nyama choma*.

Eu nunca tinha ido a um bar antes, mas os quenianos adoram carne e todo mundo adora *nyama choma*. Tradicionalmente, é cabrito ou bife grelhado servido com *kachumbari*, um prato de tomates e cebolas picados. É uma comida para ocasiões especiais, para celebrações.

Comemos e relaxei um pouco. Meus colegas foram gentis comigo. Os outros tomaram algumas cervejas, mas não bebi. Samuel me contou um pouco sobre a cidade em que estávamos, sobre as pessoas que encontraríamos e os problemas que resolveríamos. *Talvez*, pensei, *eu consiga dar conta disso*. Ele pagou pela comida — seu presente para a nova participante da equipe, disse ele.

No banheiro, Jane me deu seu número de telefone. No caso de eu precisar de alguma coisa, explicou ela.

Depois, o motorista me levou de volta ao hotel e Samuel desceu conosco. Enquanto o motorista abria a porta, ele também me deu seu número. Só por precaução, explicou ele.

Agradeci a Samuel por me receber em meu novo emprego.

Ele saiu do carro.

— Vou te mostrar como usar a chave do quarto.

Minha tranquilidade passou naquele instante.

— Estou bem — garanti. — De verdade.

Ele caminhou ao meu lado até o meu quarto.

Quando chegamos à porta, ele bloqueou minha passagem.

— Qual é — disse ele. — Não vai me convidar para entrar?

— Tenho que dormir — respondi.

— Depois que paguei carne para você? — retrucou ele. — Que isso. — Ele se inclinou sobre mim e eu pude sentir o cheiro da cerveja em seu hálito. — Lembre-se, sou seu chefe.

Saí correndo.

Não tinha ideia de aonde ir em uma cidade cheia de pessoas desconhecidas. Então, voltei para o escritório. Liguei para Jane. Eu estava tremendo, mal conseguindo falar.

Não contei a ela o que tinha acontecido.

— Não posso ficar sozinha — consegui dizer.

Não sei se ela suspeitava do Samuel. Talvez ela o tivesse visto agir da mesma maneira com outras jovens. Talvez ela tivesse pensado que eu era uma menina do interior com medo de dormir em um quarto de hotel sozinha.

Ela respondeu:

— Sem problemas. Venha dormir na minha casa.

No dia seguinte, cheguei ao escritório, esperando que as ações da noite anterior tivessem sido esquecidas. Samuel me viu chegar; porém, daquela vez, ele não me cumprimentou.

Ele não me treinou e eu não sabia o que deveria fazer no trabalho. Dia após dia eu ia ao escritório e perguntava o que ele queria, e dia após dia ele não passava tarefas para mim. Ele não falava nada além de murmúrios baixos. Eu estava desperdiçando meu tempo. Não estava ajudando a Amref, não estava ajudando ninguém.

Eu não sabia que poderia pedir ajuda devido a um problema de assédio sexual. Na verdade, eu nem tinha certeza de que o que Samuel tinha feito era errado. Até onde eu sabia, era uma coisa natural os homens exigirem fazer sexo com as funcionárias. Na minha pequena cidade, as meninas cediam às exigências dos homens. Talvez fosse o mesmo ali, pensei. Talvez eu estivesse errada. Não reclamei e me senti completamente inútil.

Um dia, finalmente conversei com as mulheres do escritório.

— Me mostre o que estão fazendo — pedi. — Me deixem ajudar.

Elas me ensinaram a fazer pequenas tarefas: revisar documentos, fazer cópias, responder perguntas simples por e-mail. Li cada palavra dos nossos manuais de treinamento. No começo, talvez minhas colegas de trabalho quisessem me tirar do pé delas. Mas, quando mostrei que estava disposta a trabalhar e era eficiente, elas me passaram mais tarefas. Elas me ensinaram a pegar os dados brutos que as pessoas recolhiam no campo e inseri-los no computador.

Então comecei a ir eu mesma a campo. Observava meus colegas de trabalho enquanto faziam perguntas e eu interpretava as respostas. Sei que poderia ter feito mais com orientação do Samuel, mas consegui aprender oferecendo minha ajuda aos outros e me recusando a ser inútil.

Comecei a fazer os próprios relatórios. Muitos moradores da região falavam kamba em vez de suaíli. Então tive que contratar um intérprete. No entanto, eu sentia que as pessoas e eu estávamos nos comunicando. Além do que, eu estava aprendendo no processo. Embora não estivéssemos tão longe da minha terra natal, a vida e as necessidades daquelas pessoas eram bem diferentes das do povo massai.

Quando entreguei meus relatórios a Samuel, ele disse que estavam horríveis e os jogou no lixo.

Apresentei-me a Victor, um médico da Amref que trabalhava no Ministério da Saúde. Ele não era daquela região, porém trabalhava em Kibwezi havia anos e conhecia bem as pessoas. Ele me ensinou sobre os costumes kamba daquela região e os problemas sanitários da comunidade. Ele até me ensinou algumas palavras em kamba.

Conheci pessoas da região, não apenas como entrevistados, mas como amigos. Eles me davam mangas. Apelidaram-me de *mutano*, que significa "sempre feliz" em kamba.

— Você é boa moça, Nice — disse uma mulher —, mas precisa de um homem. Quando meu filho voltar, você vai se casar com ele.

INTOCADAS

Victor e eu passávamos horas conversando, geralmente falando sobre nosso trabalho, porém, de vez em quando, falávamos sobre nós mesmos. Ele me dava presentinhos como brincos que eu não podia usar porque era alérgica ao metal ou uma pequena Bíblia. Não estávamos namorando, mas era bom sentir que alguém me apreciava enquanto pessoa. Eu não era *entapai* para todos os homens.

A vida era maravilhosa fora do escritório, mas Samuel ainda jogava fora meus relatórios, ainda me dizia que eu estava fazendo um péssimo trabalho sem me oferecer qualquer orientação. Fiz alguns amigos no escritório e eles insistiram para que eu contasse aos meus superiores.

Então fui até Ndwiga e contei a ele o que estava acontecendo. Para a minha surpresa, ele não me disse para dar esperanças ao meu chefe. Ele não me disse que eu estava dificultando as coisas. Ele apenas assentiu e disse que falaria com Samuel.

No dia seguinte, no escritório, Samuel me chamou em sua sala. Ele não se desculpou, porém também não gritou comigo. Ele me ensinou como fazer entrevistas, sessões de treinamento e relatórios corretamente. Depois daquilo, ele devolvia meus relatórios com marcações para me mostrar como melhorar o trabalho.

Não sei o que Ndwiga disse a Samuel, mas a vida no escritório mudou depois daquilo. Samuel não sorria nem me tratava como amiga. Mas também não voltou a dar em cima de mim nem me tratou mais como pária. Consegui fazer meu trabalho. Finalmente, senti que estava fazendo por merecer o meu salário.

Anos depois, descobri o que era assédio sexual e que é algo que a Amref não tolera. Se eu tivesse procurado a Amref antes, meu primeiro emprego teria progredido de forma muito mais tranquila. A organização teria me apoiado. E, ao longo dos anos, as políticas da Amref ficaram ainda mais rigorosas. Se Samuel fizesse hoje o que fez naquela época, provavelmente teria perdido o emprego. Sei que ele já deixou a organização.

Quando voltei a Nairóbi depois daquela primeira missão, achava que nunca mais trabalharia com a Amref. Eu tinha feito uma queixa contra o meu chefe. Eu sabia que Samuel não me daria uma boa avaliação.

No dia seguinte ao meu retorno, Ndwiga me convidou para conversar em sua sala.

Não chore, falei a mim mesma. *Comporte-se como uma profissional. Você vai arrumar outro emprego*. Respirei fundo e entrei no escritório dele.

— Temos outro cargo para o qual você tem o perfil ideal — informou ele. — Você deveria se candidatar.

Depois daquela fala, eu mal consegui prestar atenção. Eu não seria demitida. Tinha a possibilidade de continuar meu trabalho. Quando fui para casa naquela noite, chorei e gargalhei.

O cargo era de coordenadora de um projeto com foco nos direitos do corpo. Eu estaria trabalhando em questões como HIV, controle de natalidade e, o mais importante para mim, mutilação genital feminina. Quem estava no comando era Peter, o homem que me vira falando com garotas em minha cidade natal anos antes e pedira aos anciões que permitissem que eu fizesse treinamentos com a Amref. Não sei como, mas ele se lembrava da garota da vila que não parava de torrar a paciência do próprio povo.

Havia vários candidatos para o trabalho. Senti que não era suficientemente qualificada em uma sala cheia de pessoas com formação universitária e anos de experiência na área. Para ser sincera, eu era uma das pessoas menos qualificadas no processo seletivo. Eu nem tinha me formado ainda.

Primeiro, todos nós respondemos a uma série de perguntas no computador. Em seguida, cada um de nós se sentou para uma entrevista de banca. No começo minha voz estava baixa, mas enquanto continuávamos a falar, vi os rostos dos entrevistadores relaxarem. Falei sobre o processo lento de convencer meu povo a desistir da mutilação genital feminina. Falei sobre como segui o exemplo do meu pai, escutando primeiro para depois fazer perguntas. Enquanto eu falava, vi que os entrevistadores estavam me ouvindo e fiquei mais confiante.

Fiquei feliz com minha entrevista. Durante, estava suando tanto que tive medo de levantar os braços. Contudo, depois que terminou, fiquei feliz com o resultado.

Entretanto, depois de uma semana, então duas, sem receber nenhum resultado, comecei a achar que não conseguiria o emprego. Disse a mim mesma que não tinha problema. Poderia aproveitar o tempo para terminar a graduação. Disse a mim mesma que poderia concorrer a outras vagas na Amref ou em outra ONG. Disse a mim mesma que poderia ir para a minha terra natal e passar mais tempo com a minha família. Eu quase consegui me consolar pela decepção.

Então, um mês depois da entrevista, recebi a ligação. A Amref estava me oferecendo um emprego permanente. Não perguntei sobre o salário. Não negociei nada. Para ser sincera, estava tão empolgada que me esqueci de agradecer.

Liguei para Soila e gritei e chorei no telefone. Obviamente, ela não entendeu uma palavra. Quando me acalmei o suficiente, contei a notícia para ela.

— Mamãe e papai ficariam muito orgulhosos — respondeu minha irmã.

Comecei a chorar de novo e acho que não consegui dizer uma palavra coerente durante o resto da ligação.

Soila

Eu via Soila sempre que possível. Parecia que o casamento dela só piorava. Os homens da nossa família haviam notado os espancamentos e os vizinhos também.

O povo massai é contra o divórcio. Os homens podem ter uma segunda ou terceira esposa, mas o vínculo matrimonial e a ligação que ele cria entre as famílias é algo que não pode ser quebrado.

O povo massai acredita em ajudar as famílias e resolver os problemas por meio de conversas. Brinco dizendo que os homens massai são preguiçosos porque ficam sentados conversando o dia todo enquanto as mulheres trabalham. Todo mundo conta tal piada porque é verdade. Contudo, conversar é a maneira pela qual nossa comunidade conseguiu permanecer unida pacificamente por séculos.

Então, um grupo de parentes meus foi conversar com o marido da Soila.

O marido da Soila lhes ofereceu chá (preparado pela Soila). Os homens elogiaram suas vacas e sua casa arrumada (limpa pela Soila). Quando os homens conversam, demoram um pouco para chegar ao ponto.

— O que é isso que ouvimos sobre você bater na Soila? — perguntou meu avô por fim.

O marido da Soila suspirou.

— É a bebida, não eu.

— Talvez você pudesse beber menos, então.

Ele concordou. Não demorou muito para que os homens chegassem a um acordo; o marido da Soila deve ter percebido antes mesmo da conversa que seu comportamento estava errado. Ele parou de beber todos os dias. Quando bebia, bebia menos. Quando ele batia na Soila, fazia aquilo em particular. Eu não gostava de saber que ele ainda batia nela, mas suas ações eram consideradas aceitáveis.

Os homens da minha família não o ameaçaram. Eles não precisaram fazer aquilo. Ele percebeu que seu comportamento estava sendo julgado. Ele sentiu a desaprovação da minha família e do seu próprio povo. Em uma comunidade pequena, o sentimento de ser julgado é uma motivação poderosa.

Entretanto, não demorou muito para ele ficar bêbado novamente. E quando ficava bêbado, ele voltava a ser violento em público.

Então meus parentes do gênero masculino falaram com o marido da Soila de novo.

— Isso precisa parar — afirmou meu avô. — Você está desrespeitando a nossa família. Está envergonhando a si mesmo.

O marido da Soila desviou o olhar, encarando os próprios pés. Mais uma vez, ele concordou quase que na mesma hora.

— Estou prestando atenção — respondeu ele. — Vou me comportar melhor.

Caminhei com Soila enquanto os homens conversavam outra vez.

— Como você está? — perguntei.

Ela suspirou.

— Esta é a minha vida. Não é que machuque tanto assim, mas os meninos veem tudo. Não posso protegê-los.

— Me deixe vir e ajudar. Você é mais importante do que a faculdade.

Ela parou de andar. Suas mãos estavam cerradas em punhos e ela tensionou a mandíbula.

— Jamais.

— Mas os meninos...

— Eu disse jamais — disse ela. Soila fechou os olhos e respirou fundo. Seu corpo relaxou um pouco e ela continuou baixinho: — Nós duas nos esforçamos para isso, Nice. É o que mamãe e papai queriam. Não se atreva a abandonar a faculdade. É o meu sonho também.

Eu tive que concordar. Eu continuaria indo para a faculdade. Mas não permitiria que ela desistisse também.

— Vou continuar os estudos — confirmei —, mas depois vou ajudá-la.

Ela assentiu e até riu um pouco.

— Não tenho dúvidas de que vai — afirmou ela. — Sempre soube disso.

Quando meus parentes do gênero masculino foram falar com o marido da Soila, fiquei atrás do grupo, olhando feio para ele. Quando fui visitar Soila depois daquilo, o marido dela não se deu ao trabalho de me dizer para ir embora rapidamente. Ele virou as costas quando apareci. Eu não me importava. Quem ele pensava que era para me julgar?

Ao menos eu sabia que ele não pegaria no pé da Soila enquanto eu estivesse lá. Eu não podia dizer o mesmo sobre a Soila pegando no meu pé.

— Sua pele está acinzentada. Está passando hidratante? — perguntou ela.

— O hidratante acabou.

—Ocupada demais para cuidar de si mesma? — ralhou ela.

— Estou trabalhando muito.

— Aposto que nunca passa o hidratante. Sua cabeça está sempre em outro lugar.

— Vou tentar melhorar — garanti.

Ela estava certa. Eu ainda passava muito tempo sonhando acordada.

— Vamos caminhar até a cidade mais tarde e você vai comprar um hidratante. Não será culpa minha se sua pele começar a descamar.

— Você não precisa cuidar de mim — comentei.

— Óbvio que tenho que cuidar de você, sim. Todo mundo sabe que tenho quatro filhos, Nice.

— Sei que no fundo você tem orgulho de mim.

— Deixa de ser convencida.

— Mas você tem.

— Talvez um pouco. — Ela riu. — Mas você ainda precisa aprender a cuidar de si.

Não precisávamos conversar. Eu ainda não era uma boa dona de casa, porém podíamos trabalhar lado a lado; sentir a presença da outra por perto tornava o trabalho mais fácil. Aquilo e saber que quando as tarefas estivessem finalizadas, eu estaria comendo a comida da Soila.

— Você está se alimentando bem em Nairóbi? — questionou ela quando eu estava prestes a provar a sopa.

Fiz uma pausa com a colher logo abaixo da boca.

— Você... colocou alguma coisa na sopa? — perguntei.

Quando cheguei a minha terra natal depois de trabalhar em Nairóbi, meus irmãos e irmãs cozinharam uma cabra. Quando chegamos à sopa, senti o gosto de uma erva desconhecida.

— Que gosto é esse? — perguntei ao meu irmão.

— É um tempero especial considerando que você anda comendo toda aquela comida ruim em Nairóbi — explicou ele.

Percebi que os outros não estavam tomando muita sopa. Achei gentil da parte deles guardarem para mim, pensei.

Naquela noite, aquele "tempero especial" me deu uma diarreia terrível. Eles adicionaram ervas à minha sopa para fazer uma limpa no meu estômago.

Perguntei-me o quanto Soila se preocupava por eu estar comendo mal.

Ela riu.

— Parece que estou tentando te envenenar! É só sopa, Nice. Tome a sopa. Vai fazer bem para você.

Os meninos que estavam tomando sopa ali perto também riram. Eles sabiam bem o que meus irmãos tinham feito comigo.

Hora de mudar de assunto.

— O que querem que eu traga na próxima visita? — perguntei a eles.

— Doces! — gritaram eles. Eu não era a única formiguinha da família.

Soila revirou os olhos.

— Esse tipo de comida vai te deixar doente.

Pisquei para os meninos. Eles sabiam que eu traria uns docinhos para eles de qualquer maneira.

Infelizmente, por causa do trabalho e das últimas aulas na faculdade, eu só conseguia visitar a minha terra natal a cada dois meses. Eu tinha comprado um celular usado para Soila e gastávamos nossos preciosos minutos rapidamente. Os telefonemas ajudavam, mas não era o mesmo que estar em casa.

Nunca chorar de novo

Meus colegas tinham diplomas e anos de experiência. Quem era eu, uma garota de cidade pequena que nem tinha saído da faculdade, para achar que estava apta a trabalhar com eles? Eu também era a única pessoa massai no meu grupo, o que não ajudava. Muitos dos meus colegas conheciam pessoas mais qualificadas do que eu que queriam meu emprego; até alguns dos meus colegas tinham almejado o meu cargo.

Eu era a coordenadora do projeto. Tratava-se de um grande salto em relação aos meus poucos meses como assistente. Participei de uma missão com o objetivo de melhorar o acesso à água e ao saneamento. Sob a supervisão de um gerente de projetos, eu deveria implementar o programa, trabalhando com moradores das regiões, autoridades governamentais e doadores para fazer o trabalho. Tinha que me certificar de que todos os grupos estivessem informados e trabalhando em parceria sem problemas.

Tínhamos reuniões semanais em que compartilhávamos o progresso que estávamos fazendo. Os colegas faziam perguntas e criticavam os métodos uns dos outros. Como muitas vezes trabalhávamos em áreas diferentes do país, era uma boa maneira de aprender uns com os outros e nos tornarmos melhores em nossos respectivos trabalhos.

Quando chegava a minha vez de falar, as críticas começavam. Por que eu não segui o protocolo estabelecido? Por que não fiz acompanhamento de uma questão difícil? Por que eu não tinha feito mais pesquisas? Por que eu não estava fazendo mais progresso?

Depois de cada reunião, eu encontrava um lugar para ficar sozinha e chorar.

Era verdade que eu ainda era inexperiente, mas as críticas eram menos sobre o trabalho que eu estava fazendo e mais sobre a minha pessoa.

Obviamente, eu escondia o choro. Eu sorria quando passava por meus colegas, perguntando sobre o trabalho deles. Contudo, não devo ter escondido meus sentimentos tão bem quanto pensava, porque Peter me encontrou um dia.

— Não se preocupe, Nice — disse ele. — Todos nós passamos por problemas de adaptação. Tenho fé em você.

No entanto, por mais que eu me esforçasse, por mais que eu levasse as críticas a sério, parecia que eu nunca melhorava aos olhos dos meus colegas. Se eu resolvesse um problema, outro surgia. Meu chefe podia ter fé em mim, mas eu estava perdendo a fé em mim mesma.

Certa manhã, me sentei à minha mesa tentando reunir o ânimo para sair e começar o trabalho. Eu não conseguia me mexer. *Talvez eles estejam certos*, pensei. *Talvez eu não seja boa o suficiente para esse trabalho. Talvez eu devesse desistir.*

Seria mais fácil, pensei, *se eu simplesmente fosse para casa.*

Liguei para Soila.

— Não sou boa nisso — confessei. — Nunca serei boa nisso.

— Nice, se controle. Você não pode desistir. Se algumas pessoas não gostam de você, e daí? Ninguém disse que seria fácil. Pare de sentir pena de si mesma.

INTOCADAS

Ela estava certa. Eu só precisava de uma mãe massai severa para me colocar nos eixos. Meu trabalho não era um espelho de mim. Doía quando as pessoas criticavam, mas havia questões mais importantes para tratar.

Após a reunião seguinte, chamei Peter de lado. Caminhamos em um jardim perto da sede da Amref.

— As pessoas podem falar o que quiserem — comentei com ele. — Elas podem me odiar se quiserem. Mas tenho um trabalho a fazer. Nunca mais vou chorar de novo.

E nunca mais chorei. Respondia calmamente às palavras duras deles e, com o tempo, a rispidez desapareceu. Ainda ouvia críticas, porém eram construtivas, não tinham o objetivo de me ferir. Talvez meu trabalho tenha melhorado. Talvez, assim que construí mais confiança, meus colegas viram minha determinação e recuaram. Não sei como, mas as coisas melhoraram. Até recebia um elogio de vez em quando.

Com o passar dos anos, fui galgando posições na Amref. Quando um cargo aparecia, eu me transferia para um projeto focado exclusivamente em mutilação genital feminina. Tinha orgulho do meu trabalho em outros projetos da Amref, mas combater a MGF era minha paixão. Comecei a fazer exatamente o mesmo que fazia na minha terra natal. Visitava as comunidades. Fazia perguntas. Ouvia. E, depois de conhecer as necessidades e preocupações de uma comunidade, depois de entender o que motivaria as pessoas a mudarem, eu agia. Ajudei as pessoas a abraçarem as mudanças e, porque elas queriam a mudança para si, ela acontecia e se tornava duradoura.

Comunidade por comunidade, fiz a diferença. No início, foram algumas poucas meninas. Então, centenas e depois milhares de meninas foram poupadas da mutilação genital feminina. Evidente que não fui a única responsável por aquela mudança. Contudo, fiz minha parte. Fiquei mais confiante sabendo que estava fazendo a diferença.

Tentei deixar para trás aqueles dias de lágrimas. Não guardo rancor. Convido as pessoas que me criticam para tomarem chá. Tento entender do que precisam e o que querem. Temos o mesmo objetivo (melhorar a vida para as pessoas no Quênia), por isso é fácil chegar a um consenso.

Atualmente, alguns dos meus críticos mais ferrenhos daquela época se tornaram meus mais fortes aliados.

Uma comunidade
de cada vez

Passo muito do meu tempo viajando pelo Quênia, tentando fazer a diferença uma comunidade de cada vez. A mutilação genital feminina é um problema internacional, mas as mudanças que estimulo por meio do meu trabalho acontecem no âmbito local. Aonde quer que eu vá, quando visito uma pequena cidade, uma escola, uma instituição religiosa ou outra ONG, procuro seguir o exemplo do meu pai. Antes de dar minha opinião, antes de fazer qualquer coisa, escuto. Essa é a tradição massai.

Soluções impostas de fora, sem a participação da comunidade, estão fadadas ao fracasso. Um dos meus colegas fala sobre como os ocidentais aparecem usando camisetas combinando, trabalham um pouco e voltam para casa confiantes de terem feito a diferença. Mas meu colega acredita que eles apenas conseguiram se sentirem melhor sobre si mesmos.

Entendo o ponto de vista dele. Contudo, ao contrário do meu colega, não acho que aqueles ocidentais tenham falhado. Cada encontro é uma oportunidade. Talvez uma daquelas pessoas com suas camisetas combinando faça uma doação financeira substancial e peça aos amigos e familiares que façam o mesmo. Talvez uma daquelas pessoas inspire uma garotinha a ir à escola. Talvez uma daquelas pessoas se sinta tão bem com o trabalho que fez no Quênia que volte para casa determinada a fazer a diferença em sua própria cidade.

No entanto, meu colega não deixa de ter razão à sua maneira. Não é possível fazer mudanças duradouras chegando de avião e impondo ideias. Você precisa entender por que um problema existe em uma determinada comunidade antes de encontrar uma solução. Em várias comunidades islâmicas, a mutilação genital feminina é vista como um imperativo religioso, embora muitos muçulmanos questionem isso. Em algumas comunidades, o corte é visto como uma questão de higiene. Em outras, é uma forma de controlar a sexualidade feminina. Mesmo entre as comunidades massai, existem diferenças culturais.

Não apenas a mutilação genital feminina é diferente em todos os lugares, como outras preocupações da comunidade também são diferentes. Algumas comunidades precisam de melhor acesso à educação. Algumas comunidades se preocupam com doenças transmissíveis. Algumas precisam de água potável. Trabalhar para resolver tais problemas, enquanto se tenta exterminar a mutilação genital feminina, muitas vezes faz com que o fim da MGF seja parte da solução, garante o apoio da comunidade para mudanças duradouras.

O que funcionou na minha comunidade e as ideias que compartilhamos lá não dariam certo em outros lugares. Se eu fosse fazer a diferença, teria que entrar com os ouvidos e o coração abertos.

A melhor maneira de entender o que faço é passar por um dia típico.

Recentemente, fui visitar uma escola localizada a cerca de quatro horas de Nairóbi. A escola fica em uma área pobre, composta no geral por uma área de pastagem, e a maioria das pessoas é massai.

Quando cheguei, as meninas mais velhas estavam fazendo *chapatis* para o almoço. Não comento nada, mas isso é um sinal preocupante.

INTOCADAS

Por que as meninas não estão na aula como os meninos? Por que elas estão aprendendo tarefas domésticas em vez de fazer atividades escolares?

Tento perguntar às meninas sobre a vida delas. Elas ficam quietas. Algumas parecem se chatear com a pergunta. Parece que elas estão se afastando, prontas para se tornarem adultas. Isso também é preocupante.

Percebo que há muitas meninas mais novas na escola, mas poucas com mais de doze anos. Há meninos de todas as idades.

Enquanto conversamos, há partidas de futebol acontecendo. Um grupo de Kibera, uma grande favela de Nairóbi, está visitando. Haverá um jogo misto entre os jogadores de Kibera e os alunos mais velhos. No entanto, antes disso, há jogos dos meninos e das meninas. Quando as meninas jogam, os meninos as ignoram. Quando os meninos jogam, todos torcem.

Falo com os adultos que encontro: professores responsáveis, um grupo de europeus voluntários na escola e alguns pais da região. Suas perspectivas são todas um pouco diferentes, mas ouço histórias semelhantes. Muitas dessas meninas ainda estão passando pelo corte, embora seja ilegal no Quênia. Muitas estão se casando e abandonando a escola. Muitas daquelas que não estão se casando estão engravidando. Cerca de 40% das meninas daqui têm os primeiros filhos ainda na adolescência.

Pergunto a esses adultos:

— Por quê? O que essas garotas estão fazendo?

— Elas arranjam namorados — respondem os professores — e isso lhes dá status. Elas se sentem adultas.

— Elas vão para eventos noturnos na igreja ao lado — explica a diretora. — E então fogem para fazer sexo.

— Muitas delas vivem com parentes distantes enquanto frequentam a escola e homens mais velhos de suas próprias famílias estão abusando delas — comentam os voluntários europeus.

A opinião de todos é provavelmente ao menos parcialmente correta. Qualquer solução para a mutilação genital feminina nessa comunidade terá que incorporar todos esses fatores contribuintes.

Uma menina de quinze anos chega à escola para uma visita. Vou chamá-la de Sarah. Sentamo-nos juntas em uma sala com sua ex-professora, sua mãe e uma pessoa ocidental que faz doações para a escola. Sarah está com um filho amarrado na frente do corpo em um *sling*. Outra menina, de uns dois ou três anos, a segue como uma sombra.

— Meu sonho é que ela fizesse faculdade — conta a mãe de Sarah. — Queria muito mais para ela do que isso.

Sarah não diz nada.

— Que linda pequenina — diz a doadora ocidental.

Ela pega a bebê e fala carinhosamente com ela. A doadora conheceu Sarah vários anos antes, quando ela era uma interessada jovem estudante. Agora, Sarah fala apenas aos sussurros e ela se senta com a cabeça baixa.

— Sarah, você quer voltar para a escola? — pergunta a doadora ocidental.

A garota assente. Os professores concordam em trabalhar com a menina, mas é pouco provável que ela termine os estudos. O pai dela fez com que ela se casasse jovem para receber um dote. Seu marido quer que ela fique em casa e crie os filhos. A mãe dela apoia a educação, mas os homens, não. Sem o apoio deles, a garota fica impotente.

A irmã mais nova da Sarah entra. Ela sorri, rindo e andando ao redor das nossas cadeiras.

— Alguns anos atrás — começou a professora —, Sarah era exatamente como ela.

É difícil imaginar que a adolescente abatida na minha frente tenha sido tão vivaz e feliz. Mas eu já vira a mesma coisa milhares de vezes.

A antiga professora põe a mão no joelho de Sarah.

— Tudo o que podemos fazer é tentar, querida.

Converso com um grupo de meninas, jovens que estão entrando na adolescência. Elas são tímidas. Então, uso uma música para conduzi-las. Cantamos juntas em harmonia, algo que nós, como massai, aprendemos desde bebês. Elas relaxam um pouco.

— O que querem ser quando crescerem? — pergunto.

Algumas garotas dão de ombros.

— Professora — responde uma delas por fim, e algumas outras entram na conversa.

—Vou para Nairóbi para dirigir um grande *matatu* — comenta outra.

As meninas riem.

— Se tiver um bebê, você pode fazer alguma dessas coisas? — questiono.

Elas balançam a cabeça. Continuamos a conversa. Pergunto o que pensam sobre casamento, mutilação genital feminina e meninos.

— Alguém aqui tem namorado — diz uma garota, olhando para a amiga.

As outras meninas riem. Rio com elas, mas isso me abala.

Pergunto sobre as matérias que menos gostam e suas músicas favoritas. Compreendemos umas às outras. Aprendemos a confiar, aprendemos a trabalhar juntas.

Não vou mudar a cabeça de ninguém naquele dia, nem espero que isso aconteça. Essa será a primeira de muitas visitas. Com o tempo, entenderei os problemas e as preocupações da região. Vou conhecer as pessoas mais influentes. Vou aprender quais táticas provavelmente levarão à mudança. Só então, com todas essas informações em mãos, vou recomendar um plano de ação. E, mesmo assim, o plano não será só meu. Vou alterá-lo várias vezes após ter retorno de todos os habitantes da região. Será o nosso plano, a nossa voz — não a minha. É por isso que, embora a mutilação genital feminina seja ilegal no Quênia, não vou ligar para as autoridades para denunciar o caso da Sarah, a garota de quinze anos com dois bebês. Em casos assim, a aplicação da lei apenas varre o problema para debaixo do tapete. Quando as pessoas têm medo de serem presas, elas continuarão a praticar a mutilação genital feminina, mas estarão mais propensas a mentir a respeito e menos propensas a cooperar comigo. É somente quando as pessoas estão cooperando por conta própria, quando estão lutando contra a MGF porque acham que é o certo a se fazer, que podemos começar a criar mudanças.

Antes de ir embora, assisto a um pouco do jogo final entre o time de Kibera e o time da região. Os jogadores de Kibera são homens e mulheres, e são incríveis. Os meninos locais se saem bem, mas não há uma competição real. É bom ver os meninos e meninas de Kibera jogando juntos. Percebo que todos torcem da mesma forma pelos jogadores. Há muitos sinais preocupantes na comunidade, é verdade, mas também há sinais, como esse, de esperança.

Mudando a tradição

A mutilação genital feminina é muito dolorosa e extremamente prejudicial. Porém, muitas vezes também é um dos momentos mais importantes da vida de uma menina massai. Não quero dizer que as meninas gostem do corte ou de seu impacto; toda garota teme isso. Mas ela ganha roupas novas. Ela recebe instruções especiais das mulheres que a amam. Sua família e seus amigos assam carne e cantam músicas só para ela. Ela começa a se sentir como uma pessoa adulta. Para uma garota massai, aquele pode ser o único momento em sua vida em que ela é tratada como alguém especial.

Não são apenas as meninas que valorizam a cerimônia. É uma oportunidade para a comunidade inteira comemorar. Para as mulheres, é uma folga da labuta da vida cotidiana, um momento de socialização com outras mulheres. Para os homens, é um momento de cantar, comer e beber com a família e os amigos. Para todos, é uma forma de se reunir em comunidade e marcar uma passagem em nossas vidas. É o equivalente a um casamento, um bat-mitzvá ou uma *quinceanera*, um momento para festejar uma menina que se torna mulher, mas também um momento de reunião para a comunidade.

NICE LENG'ETE

A mutilação genital feminina precisa acabar. Mas a garota ainda merece uma cerimônia especial em sua vida e a comunidade ainda merece uma comemoração. Não pedimos às comunidades que renunciem às suas tradições. Pedimos a elas que substituam as tradições pelo que chamamos de "ritos de passagem alternativos".

O povo samburu, vizinho do povo massai, que compartilha uma língua e cultura muito semelhantes, trabalhou ao lado da Amref para desenvolver ritos passagem alternativos. Toda a comunidade, incluindo líderes da igreja, anciãos e, mais importante, as próprias meninas, criou os ritos como uma forma de desencorajar o casamento infantil e, ainda assim, honrar nossas tradições. O povo massai desenvolveu ritos de passagem alternativos para melhor atender à nossa própria comunidade. Parte do meu trabalho com a Amref tem sido organizar tais ritos nas comunidades e trabalhar com a população da região para adaptá-los às suas próprias necessidades. A Amref permanece flexível. A grande beleza dos ritos de passagem alternativos é que cada comunidade se apropria deles à sua maneira.

Meu primeiro rito de passagem alternativo foi em Kimana. Como naquela manhã terrível quando vi o corte pela primeira vez, foi uma celebração da comunidade. Porém, para tais festividades, mudamos o foco para celebrar as meninas e suas realizações futuras. Durante três dias, as meninas recebem instruções especiais de mulheres mais velhas. Contudo, naquelas lições elas aprendem sobre controle de natalidade, oportunidades educacionais e econômicas e saúde pessoal, não apenas sobre como cuidar do marido e dos filhos. Não precisei me esconder com as meninas debaixo de uma árvore fora da cidade quando falei com elas sobre os perigos do corte e as oportunidades que poderiam ter se o evitassem. Os outros professores e eu nos pronunciamos com a permissão das mães e avós das meninas. As mulheres da comunidade ensinaram as meninas sobre as tradições massai como cantar, fazer miçangas e roupas.

Até os meninos tiveram aulas. Os meninos quenianos também precisam aprender sobre educação e saúde, tanto para eles quanto para as mulheres na vida deles. Eles precisam aprender que a MGF não é apenas um problema feminino. Trata-se de algo que afeta toda a comunidade, incluindo as irmãs dos meninos e as futuras esposas.

Terminamos os ritos de passagem alternativos com uma cerimônia à luz de velas. As meninas desenvolveram aquela parte dos ritos por conta própria; elas queriam algo que fosse apenas sobre elas. As meninas ganharam roupas bonitas e tradicionais, como teriam se tivessem sido submetidas ao corte. Além disso, elas caminham perante a comunidade, cada menina segurando uma vela, cantando sobre a extinção da mutilação genital feminina e a sua substituição pela luz da educação. Enquanto eu observava seus rostos, cada um iluminado por orgulho e luz de velas, sorri. Ali estava a esperança. Ali estava o futuro.

Toda a comunidade se uniu. A melhor parte era que, uma vez que as meninas não estavam passando pelo corte, mesmo que fosse um pequeno e cerimonial, elas podiam participar das canções, danças e banquetes que se seguiram à cerimônia. Não destruímos a tradição massai. Nós a honramos e a tornamos melhor.

Participei com orgulho de dezenas de ritos de passagem alternativos desde aquele primeiro. Já vi garotas de cabeça erguida cantando sobre crescerem e terem acesso à educação. Já vi garotas quietas aprenderem a projetar suas vozes e fazer discursos. Vi comunidades inteiras, homens e mulheres, torcendo por elas. Isso me deixa orgulhosa do meu trabalho e me deixa orgulhosa de ser massai. Não finjo que os ritos de passagem alternativos resolvam o problema da mutilação genital feminina. Algumas das meninas que passam pela cerimônia acabam sendo submetidas ao corte posteriormente. Mas faz parte do nosso plano de ação e ajuda muitas meninas a evitarem o corte. Se tivessem me oferecido ritos de passagem alternativos, talvez eu nunca tivesse precisado fugir.

Às vezes, me pergunto o que meus pais pensariam do meu trabalho. Ambos acreditavam no povo massai e amavam nosso povo. Eles defendiam a tradição e nossas tradições incluíam a mutilação genital feminina. Afinal, minha mãe foi a pessoa a me levar para ver o corte pela primeira vez.

Mas meus pais também acreditavam em crescer como povo e progredir. Para o meu pai, aquilo significava formar nossas próprias reservas de caça, ocupar um lugar no governo queniano e, acima de tudo, promover a educação. Para a minha mãe, aquilo significava cultivar alimentos e apoiar as mulheres. Gosto de pensar que eles iniciaram um processo de crescimento e que estou concluindo-o. Apoio o que significa ser massai, mas estou fazendo isso sem machucar as meninas. Espero que, se meus pais estivessem aqui, eu pudesse convencê-los, assim como convenci milhares de outros. Espero que eles possam até aprender a ter orgulho de mim.

Embaixadora

Eu tinha prometido ao meu chefe, Peter, que o trabalho nunca mais me faria chorar e mantive a palavra. Ainda ouvia os outros, incluindo suas críticas, mas não deixava que suas palavras me machucassem.

Peter me viu evoluir de uma garota de cidade pequena que falava com umas poucas garotas sobre a mutilação genital feminina para alguém capaz de falar com centenas de uma vez. Me formei na faculdade e comecei a subir na hierarquia da Amref. Eu ia a comunidades, muitas vezes comunidades não massai, e conversava com anciãos, funcionários públicos, sacerdotes, professores, pais e, obviamente, as meninas. Às vezes, eu tinha que parar um pouco e sussurrar palavras de encorajamento para mim mesma. Mas sempre conseguia falar.

Por fim, ajudei a poupar dezessete mil meninas da mutilação genital feminina.

Um dia, Peter parou à minha mesa e me pediu para caminhar com ele.

— A Amref quer acabar com a mutilação genital feminina até o ano de 2030. Gostaria que você fizesse mais.

Eu já estava trabalhando do amanhecer ao anoitecer todos os dias, muitas vezes nos finais de semana. Eu conseguia visitar minha terra natal algumas semanas no mês, mas só porque eu espremia o percurso entre as minhas viagens de trabalho. Não tinha mais tempo para dedicar àquela missão.

— Você está insatisfeito com o meu trabalho? — perguntei ao Peter.

— Não, longe disso. Mas vejo você em uma função diferente.

— Gosto da minha função atual — respondi.

E gostava mesmo. Adorava conversar com as pessoas. Adorava ver a esperança no rosto das meninas que falavam diante da comunidade, prometendo nunca passarem pelo corte.

— Queremos que você seja uma embaixadora global — explicou ele.

Eu ri. Eu nunca tinha saído do Quênia. Como eu poderia ser qualquer coisa global?

— Você é a menina que fugiu do corte.

— Não entendo.

— Nice, se eu contar a alguém que milhares de garotas são submetidas ao corte, as pessoas dirão que é uma coisa terrível. Mas elas não entendem de verdade. Se contar a elas sobre a menina massai que fugiu do corte, que se escondeu em uma árvore, que fugiu, estou contando uma história. Estou fazendo com que essas pessoas sintam. Os fatos não mudam corações e mentes; os sentimentos sim.

— Não sei discursar.

Peter balançou a cabeça.

— Vi você falar sobre a mutilação genital feminina. Presenciei sua fala muitas vezes. Você não precisa discursar. Apenas conte sua história. Você fez uma diferença real aqui, mas precisamos que as pessoas no resto do mundo se preocupem com a questão da mutilação genital feminina. Precisamos que elas pressionem seus governos. Precisamos do dinheiro dessas pessoas.

Naquela noite liguei para Soila.

— Será que isso é algo que consigo fazer? — perguntei a ela.

Ela suspirou.

— Você já está fazendo isso há tempos. Vá em frente e fale com o resto do mundo.

Aceitei a oferta.

Primeiro discurso

Uma das minhas primeiras atribuições como embaixadora global foi dar uma palestra *TED* na Holanda. Queriam que eu compartilhasse minha história, como eu fugira da mutilação genital feminina e depois dedicara a vida a ajudar outras meninas a evitar o corte.

Fiquei honrada e completamente em pânico. Eu não tinha ideia de como fazer um discurso inspirador. Nunca tinha saído do Quênia. Nunca tinha viajado de avião.

Pessoas viajadas passam pela segurança, chegam ao portão certo e fazem procedimentos de embarque sem pensar duas vezes. Eu não sabia como fazer nada daquilo.

Um motorista da Amref me levou ao aeroporto. Chegamos a um prédio minúsculo e os seguranças fizeram uma revista com espelhos embaixo do carro. Eu tive que sair e entregar minha bagagem. Os guardas abriram minha bolsa e a vasculharam. Então voltei para o carro e dirigimos cerca de oitocentos metros até o aeroporto em si. Lá, mais seguranças esperavam e fizeram mais perguntas. Eu tinha receio de fazer algo errado. Achava eu não daria conta daquilo.

De alguma forma, passei pela segurança e cheguei ao meu portão de embarque (depois de ler cada placa várias vezes e pedir instruções a várias pessoas).

Depois que entrei no avião e me sentei, a ficha caiu. Eu estivera tão ocupada na tensão de chegar ao avião que esquecera de me preocupar com o voo. Agarrei cada braço do assento com força enquanto estávamos decolando. Mas não foi tão assustador quanto eu imaginava. Quando estávamos no ar, além de ouvir um leve zumbido, nem teria como saber que estávamos em um tubo de metal no ar viajando a algumas centenas de quilômetros por hora.

Então uma catástrofe aconteceu. Percebi que precisava ir ao banheiro.

Para ser sincera, eu era tão desinformada que não tinha certeza se o avião tinha um banheiro. Como aquilo funcionaria a milhares de metros de altura? Mas observei algumas pessoas saírem dos assentos e irem para trás de uma pequena porta sanfonada marcada com símbolos masculinos e femininos. Então, pensei em fazer o mesmo.

Quando cheguei lá, parecia bastante autoexplicativo e fiquei aliviada ao descobrir que algo relacionado a viagens era fácil.

Então dei descarga e achei que tinha quebrado o avião.

Naquele espaço minúsculo, aquela descarga parecia um dos sons mais altos do mundo. Certamente, todas as pessoas tinham ouvido e sabiam que eu tinha feito algo horrível.

Fiquei naquele espaço apertado, sem saber o que fazer, por, pelo menos, meia hora. Sem exagero.

Quando finalmente abri a porta, as pessoas estavam lendo suas revistas, assistindo a filmes, bebendo água como se o Armagedom não tivesse se abatido naquele cubículo minúsculo.

Percebi que o barulho era completamente normal.

Aliviada, decidi voltar para o meu lugar.

Foi então que percebi que os assentos das companhias aéreas eram todos iguais. E que eu estivera tão nervosa para encontrar o banheiro que esquecera de prestar atenção em como voltar.

Então caminhei para cima e para baixo no corredor por mais dez minutos, fingindo esticar as pernas enquanto procurava pelo meu lugar vazio. Quando, finalmente, vi minha bolsa sob um dos apoios para os pés, prometi a mim mesma que nunca mais sairia de um assento de avião sem antes marcá-lo com um lenço.

Quando pousamos, eu queria beijar o chão de tão aliviada que estava. Os funcionários da Amref me encontraram no aeroporto, de maneira que o trajeto do aeroporto para a cidade de Amsterdam foi fácil.

Tudo naquele país era estranho. No Quênia, às vezes eu sentia frio tarde da noite ou quando chovia. Na Holanda, percebi que não sabia o que era frio de verdade. Dormi em uma cama longe de casa completamente vestida, de meias, debaixo das cobertas e ainda estava com frio. O chá era fraco e aguado. Nunca tinha comido um sanduíche antes; comida fria era novidade para mim. Depois de dar uma mordida, percebi que não perdera nada.

Pensei em meu pai em sua única viagem ao exterior. Ele tinha se sentido daquele jeito em Londres? Como ele fizera para se manter aquecido? Sentimos a sua falta, mas talvez ele tenha sentido a nossa falta ainda mais.

Mas conheci minha querida amiga Dirkje em Amsterdam. Ela era acolhedora na mesma medida que o clima do lugar era sombrio. Ela me recebeu em sua casa, embora eu fosse praticamente uma estranha. Sua bondade compensou muito da minha saudade.

Passei por dois dias de treinamento intensivo. Aprendi como me portar, projetar minha voz, manter um bom ritmo. Pratiquei o discurso, que tinha sido escrito por meus colegas da Amref, dezenas de vezes. Era um bom discurso, bem pesquisado e bem escrito, mas eram palavras de outra pessoa. Não soava natural e por mais que eu praticasse, me sentia artificial apenas recitando algo.

Como meu pai, às vezes eu ficava com a língua pesada; falas ins-piradoras não eram o meu ponto forte. Estava preocupada, pois, se

INTOCADAS

estivesse cansada ou com fome, tropeçaria nas palavras. Eu já havia falado perante grupos antes, mas nunca para um público estrangeiro e nunca com minha voz sendo transmitida em todo o mundo. Qualquer pessoa com um computador poderia me assistir. Engoli em seco.

Na noite anterior ao meu discurso, recebi a notícia de que um dos meus tios tinha falecido. Não fiquei sabendo por um telefonema ou mensagem de texto, mas em uma postagem no Facebook. Estivera tentando me distrair navegando pelas redes sociais e lá estava o post. Eu estava tremendo de frio em uma casa em Amsterdam e meu tio partiu. Não parecia real.

Depois de saber da notícia, me senti ainda mais deslocada. Senti como uma impostora em um mundo estrangeiro. Tentei sorrir e parecer animada com meu discurso, mas durante toda a noite meus colegas continuaram me perguntando qual era o problema.

— Posso estar cometendo um erro terrível — falei por fim.

Com Dirkje ao meu lado, liguei para Peter no Quênia.

— Não consigo fazer isso — confessei.

Eu estava respirando rápido e minhas palavras saíram atropeladas. Fiquei surpresa por ele ter conseguido me entender naquela nossa conexão ruim de telefone wi-fi.

— Essa é a garota forte que prometeu nunca mais chorar? — perguntou ele. — Quero ver aquela garota forte.

Ri um pouco, mas ainda sentia como se estivesse à beira das lágrimas.

— Nice, sei o quanto essa causa é importante para você. Sei o quanto se importa com as meninas. Sei que você consegue. Mas não precisa fazer nada que não queira. A escolha é sua.

Respirei fundo. Ele tinha fé em mim. Eu precisava ser forte.

— Vou fazer o discurso — confirmei —, mas quero usar minha própria voz.

Dirkje e eu trabalhamos juntas até tarde da noite. Contei minha história de forma simples e objetiva com as minhas palavras. Fiz algumas anotações em fichas. Pratiquei em frente à Dirkje e meus colegas, mas virei as costas para que eu sentisse como se fosse apenas eu e a minha história. Aquelas palavras, minhas próprias palavras, pareciam certas de uma maneira que o discurso elegantemente escrito nunca parecera.

Na manhã seguinte, usei um lindo vestido massai e um colar feito por tia Grace. Ela me entregara antes de eu ir para o aeroporto.

— Para dar sorte — explicou ela —, um pedacinho de casa.

Toquei o colar para me dar força.

Eu também estava de salto alto.

— Tem certeza de que não quer colocar algo mais confortável? — perguntou a Dirkje; ela é sempre a cara da praticidade holandesa.

— Não — garanti. — Quero estar acima de todos.

Dirkje sorriu e me entregou uma xícara de chocolate quente. Aquele calor fluindo pelo corpo me acalmou.

No caminho para o auditório, ela segurou minha mão. Senti-me mais forte com uma pessoa que se importava comigo ao meu lado.

Caminhei até o palco. Pensei nas meninas da minha terra natal. Pensei no que eu tinha escapado. Pensei na Soila.

Contei minha história. As pessoas disseram que me saí bem, embora eu não me lembre muito do discurso.

Quando saí do palco, Dirkje e meus colegas de trabalho estavam chorando.

O público aplaudira de pé, o que me deixou chocada.

— O que deu errado? — perguntei.

— Errado? — repetiu Dirkje. — Nada. Foi lindo.

As pessoas massai choram apenas quando estão tendo problemas e, mesmo assim, tentamos esconder as lágrimas. Soube depois que os holandeses choram quando estão tristes, mas também quando estão felizes, quando estão rindo, quando estão frustrados... por qualquer motivo, ao que parece, inclusive quando adoram um discurso.

INTOCADAS

Peter viu o discurso transmitido pela internet e ligou para me parabenizar. Pessoas do mundo inteiro ouviram a minha história. Fiz com que a mutilação genital feminina se tornasse algo pessoal e as pessoas ouviram. Peter estava certo. Fatos e números não tocam corações. Contudo, uma história contada de maneira simples sobre outro ser humano, sim.

Bengala preta

Os líderes massai de todas as nossas comunidades se reúnem periodicamente na base do monte Kilimanjaro há gerações. A montanha fica logo depois da fronteira com a Tanzânia. O povo massai se divide entre diferentes países, mas a montanha vigia a todos nós.

Por gerações, os homens se encontraram no mesmo local, um lugar especial, quase sagrado, para os homens massai. Nenhum não massai era autorizado a participar. As mulheres não eram bem-vindas. Os homens inclusive mantinham em segredo a localização exata do encontro.

As coisas haviam mudado, no entanto. Os líderes massai começaram a trabalhar com a Amref para tratar de várias questões: água potável, cuidados médicos preventivos e, obviamente, a mutilação genital feminina. Pela primeira vez, pessoas de fora foram autorizadas a participar enquanto os anciãos debatiam a Constituição massai.

Algumas mulheres foram com a Amref, mas não fomos autorizadas a ir ao local do encontro e esperamos na cidade mais próxima. Nossos colegas homens teriam que nos informar quando voltassem.

Os homens discutiram questões sanitárias e consultaram especialistas da Amref. Quando chegou a hora de falar sobre alguns assuntos importantes de saúde (cuidados pré-natais, mortalidade infantil,

INTOCADAS

doenças infantis e mutilação genital feminina), nossos colegas do gênero masculino se arriscaram.

— São questões das mulheres — afirmaram eles. — Deveríamos ouvi-las.

Eu não estava lá quando os anciãos decidiram. Posso imaginar que a decisão não foi rápida. Os anciãos já haviam feito uma grande concessão ao convidar pessoas de fora para a reunião; convidar mulheres era algo quase inimaginável. Mas nossos homens decidiram confiar na Amref. Pela primeira vez na história do povo massai, eles permitiram que as mulheres tivessem voz. Juntamente com outras três colegas de trabalho, fui convidada a falar.

Os líderes sabiam que nós, como comunidade, precisávamos tomar uma posição sobre a mutilação genital feminina. O corte sempre fizera parte da nossa identidade. Mas, em grande parte por causa da Amref, vozes de dentro da comunidade massai surgiram para questionar a prática. Era hora de tomar uma posição em nossa constituição. Se o povo massai continuasse a praticar a mutilação genital feminina, se fosse vital para a nossa identidade, eles proclamariam aquilo. Se fosse a hora de mudar e decidíssemos adotar novas tradições, então proclamariam aquilo no lugar. De qualquer forma, os homens chegariam a um consenso sobre o que significava ser massai.

Eu tinha rejeitado a mutilação genital feminina e era massai. Eles queriam ouvir o que eu defendia. Uma jovem, *entapai*, eu falaria perante nossos líderes masculinos. Minha língua pesada parecia chumbo na boca. Eu estava tonta, tremendo. Não sabia se conseguiria. Mas estava determinada a tentar.

O monte Kilimanjaro estava lá me olhando de cima. A montanha é visível na minha cidade natal. No ponto de encontro na Tanzânia, a montanha parecia ainda mais imponente. O conselho é um grupo de homens idosos, cada um com idade suficiente para ser meu pai ou meu avô. Sentaram-se ao ar livre, em semicírculo, e fiquei diante

NICE LENG'ETE

deles. Eles pareciam enormes sentados ali, vestidos com suas melhores roupas. Eu me sentia minúscula.

Estava tremendo por dentro. Queria fugir. Queria estar em qualquer lugar, menos ali. Mas tinha que agir. Respirei fundo, pedi ajuda a Deus e comecei a falar.

— Somos massai — falei aos homens — e nossas tradições são importantes. Mas também somos sábios o suficiente para mudar quando necessário. A mutilação genital feminina é prejudicial e perigosa. Entretanto, essa não é a única razão pela qual devemos acabar com ela. No mundo moderno, precisamos da educação. Precisamos de mães que saibam ler para os filhos. Precisamos de homens que estabeleçam carreiras antes de constituir família. Somos um povo que cria gado. Somos um povo que ama crianças. Não quero mudar isso. O que quero fazer é abolir uma prática que está nos atrasando. As mulheres que não passam pelo corte se casam mais tarde e têm maior nível de escolaridade. Os homens que não estão cuidando de uma família quando muito jovens conseguem empregos melhores. Abandonar o corte não acaba com nossa identidade massai. Isso nos torna mais fortes, mais saudáveis, mais ricos, para que possamos ser um grande povo ingressando no século XXI.

Vi os homens começarem a assentir e minha voz ficou mais forte. Eu podia ver concordância em muitos de seus rostos.

Eles ouviram outros oradores naquele dia. E, sendo homens massai, debateram por horas.

Naquele conselho, eles mudaram a Constituição massai para refletir nosso compromisso de acabar com a mutilação genital feminina.

Mais tarde, eles me deram a bengala preta. É um símbolo de liderança e força. Acho que nenhuma outra mulher havia recebido uma. Quando peguei a bengala preta, chorei um pouco. Sabia que minha mãe e meu pai ficariam orgulhosos. Eu havia realizado o sonho de ajudar nosso povo, o sonho que eles começaram anos antes. Eu não era mais uma pária. Eu era oficialmente uma líder.

Trazendo Soila
para casa

Deixei de ser *entapai*. Quando voltava para a minha terra natal, as pessoas me cumprimentavam, me recebiam em suas casas, aproveitavam para conversar e contar piadas. Nem todas as pessoas, lógico: o tio que pegou nosso dinheiro até hoje mal fala comigo. Mas mesmo algumas das pessoas que me machucaram, como a esposa do meu avô, me acolheram em casa. Somos até amigas hoje em dia. A vida é dura o suficiente. Não precisamos torná-la mais difícil ao guardar rancor.

Mas eu ainda não estava satisfeita. Eu salvara milhares de garotas, mas ainda tinha que salvar Soila. Ela se sacrificara por mim; era hora de retribuir.

Na próxima vez que meus familiares homens foram falar com o marido da Soila, fui junto. Imagino que eles acharam que eu me sentaria no fundo e escutaria em silêncio. Se foi isso que acharam, não estiveram prestando atenção.

— Você tem que parar de machucar a Soila — disseram meus parentes do gênero masculino.

— Eu sei — respondeu o marido. — Preciso parar de beber. A bebida me faz agir dessa maneira.

— Chega — falei. Não gritei. Não armei um barraco. Mas falei com firmeza e com autoridade. — Ninguém nunca mais vai bater na Soila.

— Sim, sim. Nunca mais vai se repetir — garantiu o marido.

— Não — corrigi. — Chega. Você já fez promessas antes. Acabou. Ela vai embora. Ela vai levar as crianças junto e nunca mais vai voltar.

Eu esperava que ele fosse embora irritado ou que ficasse e brigasse. Esperava que minha família questionasse. Estava preparada para qualquer coisa. Eu faria o que fosse preciso.

Não estava preparada para a resposta dele.

— Tudo bem. Ela está em suas mãos agora.

E assim, depois de anos de abuso, Soila estava livre.

Eu tinha dinheiro suficiente do meu trabalho para construir uma pequena casa para Soila e as crianças em Kimana. Não é uma casa grande, mas é limpa, moderna e confortável. Acima de tudo, é segura.

Comprei terras e Soila construiu uma pequena fazenda, assim como nossa mãe fizera. Ela cultiva cebolas, verduras e tomates, e os vende para pousadas da região. São apenas uns poucos hectares, mas tem um bom solo preto. Uma bomba traz água para uma pequena cisterna para que as plantações possam crescer mesmo na estação seca. Pequenas fazendas como a dela se estendem ao longo da margem do rio. Ela até emprega alguns homens para ajudá-la a administrar; acho que ela gosta de mandar neles.

Depois de alguns meses, ela já andava com as costas mais eretas. Ela até parecia mais jovem. Seu filho mais velho deixou de ser tão retraído e suas notas melhoraram. Ele foi para um internato em Nairóbi e está indo bem. Todos os meninos da Soila vão para a faculdade. Nós duas vamos garantir que eles estudem.

Ela ainda é uma mãe rigorosa e eu ainda sou a tia babona. Ela diz aos filhos que é melhor eles mostrarem boas notas em casa e eu os abraço e digo o quanto estou orgulhosa de suas realizações.

Quando estou na minha terra natal fico com Soila, e quando ela vai a Nairóbi, ela e os meninos ficam comigo. Soila e eu nos falamos por celular várias vezes ao dia. Não consegui salvá-la do corte, mas construímos uma vida juntas e é uma boa vida.

Alguns meses atrás, Soila foi até mim com um sorriso enorme no rosto.

— Adivinhe o que eu fiz — disse ela.

— Comprou uma vaca? Conseguiu um bom preço pelos seus tomates? Conheceu um homem bonito?

Ela balançou a cabeça a cada palpite e seu sorriso ficou maior.

— Melhor que isso — respondeu ela.

Lentamente, arregaçou a manga da camisa. Em seu braço, havia uma tatuagem com os nomes dos filhos.

— As pessoas vão pensar que perdi o juízo — sussurrou ela.

As mulheres massai não vão a estúdios de tatuagem. Nós duas começamos a rir.

— As pessoas já pensam que nós duas perdemos o juízo — respondi. — Podemos muito bem nos divertir com isso.

Ajudei muitas outras meninas no mundo ao divulgar os malefícios da mutilação genital feminina. Minha palestra TED Talk em Amsterdam foi a primeira de muitas. Já viajei pela África, Europa, América do Norte e Ásia. Sempre que tenho um discurso, bebo uma xícara de chocolate e sinto a calma se assentar sobre mim como quando aceitei a xícara oferecida por Dirkje antes do meu primeiro discurso. E, mesmo que Dirkje fosse desaprovar por ser pouco prático, sempre uso lindos saltos agulha. Faz parte de um ritual que desenvolvi para ajudar minha língua a ficar um pouco menos pesada. Tenho orgulho de saber que meu trabalho ajudou a aumentar a conscientização e arrecadar milhões de dólares para combater a mutilação genital feminina.

Alguns anos atrás, meu chefe na Amref me ofereceu um emprego na alta cúpula. Eu ganharia mais dinheiro e teria mais autoridade. Rejeitei o cargo. Não fui feita para ficar sentada em uma mesa e supervisionar outros funcionários. Meu trabalho é ir até as comunidades e ajudar de maneira prática.

Em vez disso, optei por construir a fundação Nice Place em Kimana. Quando você estiver lendo este livro, a instituição estará aberta. A Nice Place será um refúgio seguro para meninas que fogem da mutilação genital feminina. Será o tipo de lugar que eu precisava ter encontrado quando fugi do corte anos atrás. Sob nossa vigilância, as meninas estarão livres para crescer e aprender sem o medo de que suas famílias as forcem a se casar precocemente.

Também será um lugar para as jovens aprenderem a construir seus mundos. Quando eu era criança, não havia líderes mulheres. Se bem que esta é uma meia-verdade. Havia mulheres como minha mãe, que introduziram a agricultura e as poupanças em nossa comunidade para ajudar as mulheres. Mas ninguém encorajava as meninas a assumirem cargos de liderança e estimularem mudanças positivas no mundo.

Minha missão é criar uma geração de líderes mulheres. A Nice Place será uma instituição para onde meninas do Quênia e da Tanzânia poderão ir para receber capacitação. Estamos construindo um prédio limpo, simples e sólido. Haverá encanamento moderno, uma boa cozinha e espaço para fazer o nosso trabalho. As meninas aprenderão habilidades práticas e comercializáveis. Percebi em minhas viagens que os ocidentais gostam de suas joias mais simples e menos coloridas do que nós; em vez de colares que são uma profusão de cores, gostam, no máximo, de uma ou duas cores. As meninas vão aprender a fazer colares assim. Uma vez que tenham as habilidades para atender aos gostos ocidentais, elas podem levar mais dinheiro para a nossa região.

Mas o mais importante é que a Nice Place ensinará liderança. A instituição vai ensinar as meninas a mudarem suas comunidades. Capacitará as meninas a assumirem o comando. Recusei um cargo de gerência para continuar trabalhando em nossas comunidades porque a mudança acontece de verdade quando trabalhamos de pessoa para pessoa.

O problema é que uma pessoa só pode chegar até certo ponto. Quando meu pai morreu, não havia ninguém para substituí-lo e muitas de suas reformas, incluindo a reserva de caça para a qual ele tanto trabalhou, desmoronaram. A terra ainda está lá, mas não há ninguém para realizar o serviço. Isso não vai acontecer quando eu partir porque vou deixar centenas de pessoas para fazerem o trabalho no meu lugar. A Nice Place ajudará a construir um exército de meninas fortes e qualificadas que vão se alastrar pelas terras massai no Quênia e na Tanzânia. Por sua vez, cada uma dessas garotas inspirará outras garotas a seguirem seu exemplo. A liderança feminina se espalhará como um vírus (um vírus bom) e o trabalho se propagará. Algum dia, talvez, enviaremos garotas para todas as regiões do continente africano e até para o resto do mundo. Nós vamos mudar o mundo.

Anos atrás, mudei minha vida ao correr para fugir do corte. Ao correr, cheguei mais longe do que jamais poderia ter sonhado. Ainda estou correndo. Vou continuar até que todas as garotas do mundo possam viver suas vidas ao máximo. Vou correr até que todos os meus sonhos se tornem realidade.

Agradecimentos

Eu não seria a mulher que sou hoje sem o amor e o apoio de tantas pessoas na minha vida. Tive a sorte de nascer em uma bela vila no Quênia onde eu podia acordar e ver o monte Kilimanjaro e a Tanzânia. Foi ali que meus sonhos começaram, cultivados pela minha família.

Sou grata ao povo massai por fazer parte desta jornada comigo e por ter a coragem de fazer mudanças necessárias.

Aos meus queridos amigos de vários momentos da vida que estiveram comigo durante todo o percurso, compartilhando as alegrias e os momentos difíceis: um obrigada sincero e profundo.

Para a minha família global Amref Health Africa, do passado e do presente: vocês têm sido uma importante parte da minha jornada, e a minha segunda casa. Vocês me deram as boas-vindas no Canadá, Etiópia, França, Alemanha, Itália, os Países Baixos, Senegal, Espanha, Tanzânia, Reino Unido e Estados Unidos, e me ensinaram a como me sentir confortável na luta pelos direitos das mulheres e meninas, assim como proporcionar as mudanças muito necessárias na luta para acabar com a mutilação genital feminina. Sou muito grata ao dr. Githinji Gitahi, o CEO da Amref Health Africa Group, pela mentoria e orientação durante esta missão.

Um agradecimento especial a todos que estiveram envolvidos na escrita e publicação deste livro, me ajudando a compartilhar a minha experiência e engajamento pelos direitos femininos. Meu agente, Peter McGuigan, que ajudou a realizar este sonho. Elizabeth Butler-Witter, que transformou meus pensamentos em palavras. Gostaria de agradecer a Judith Clain, Miya Kumangai, Ben Allen, Heatger Boaz e a todos os funcionários da Hachette Book Group. E, lógico, a Norm Aladjem e Robert Kelty, que me incentivaram a começar este livro.

Gostaria de agradecer a Neelie Kroes, Annemiek Hoogenboom, Katja Iversen, Emma Bonino e a todos os fundadores do Instituto Nice. E a todas as mulheres e meninas incríveis que eu encontro todos os dias e que estão fazendo enormes mudanças no mundo, continuando a me inspirar para seguir em frente. A coragem e determinação delas têm sido o meu maior incentivo. Um obrigada também ao dr. Biko Yoni.

Finalmente, por ter me trazido para este mundo, tenho amor e gratidão pelos meus finados pais, Paul Leng'ete ole Nangoro e Alice Mantole Leng'ete. Ao meu avô que me criou para me tornar a mulher que sou hoje, e aos meus irmãos, minhas irmãs e meus sobrinhos que mantiveram acesa a chama dentro de mim.

Este livro foi composto na tipografia
Adobe Garamond Pro, em corpo 12/16, e impresso
em papel off-white no Sistema Cameron da
Divisão Gráfica da Distribuidora Record.